Maria
Madalena

Coleção
O MUNDO DO GRAAL

Maria Madalena

(MARIA DE MAGDALA)

Texto extraído do livro "Os Apóstolos de Jesus"

ORDEM DO GRAAL NA TERRA

Título original em língua alemã
ZEUGEN DES LICHTGESCHEHENS

Traduzido sob responsabilidade da
ORDEM DO GRAAL NA TERRA
Rua Sete de Setembro, 29.200
06845-000 – Embu das Artes – SP – Brasil
www.graal.org.br

1ª Edição: 2005
2ª Edição: 2013
Terceira tiragem: 2024

Dados Internacionais de Catalogação na Publicação (CIP)
(Câmara Brasileira do Livro, SP, Brasil)

Maria Madalena / [traduzido sob responsabilidade da Ordem do Graal na Terra]. – 2. ed. – Embu das Artes, SP : Ordem do Graal na Terra, 2024. – (Coleção O Mundo do Graal.)

ISBN 978-85-7279-084-0

1. Espiritualidade 2. Filosofia de vida 3. Jesus Cristo 4. Maria Madalena. Série.

24-09250 CDD-226.092

Índices para catálogo sistemático:

1. Maria Madalena : Biografia 226.092

Impresso no Brasil
Papel certificado, produzido a partir de fontes responsáveis

"Madalena tornara-se livre, nada de terrenal a preocupava. Longe estava o tempo em que ela ainda tinha de se preocupar com alguma posse. No espírito dela somente viviam a vontade dirigida à Luz, o amor por Jesus e a elevada missão de transmitir a Palavra dele aos seres humanos."

"Vede, o reino de Deus está próximo, por isso é que vos digo: fazei penitência, fazei penitência! Ouvi minha voz, a voz de um pregador do deserto."

Assim ecoava, alta e poderosa, a voz que se ouvia ao longe, na rua.

Abaladoramente soava essa voz. Que som vibrava nela! Seria essa uma voz humana? Que estremecimento esse som provocava no coração! O que é que ele agitava no âmago mais profundo, fazendo surgir calafrios que corriam pelas costas até arrepiar os cabelos!

Apesar do calor do sol do meio-dia nas ruas quentes e poeirentas, a jovem mulher, que descansava no jardim tranquilo e isolado do movimento geral, sentia calafrios. Ela levantou-se caminhando em direção ao largo muro baixo, cuja parte superior apenas cercava o jardim como um parapeito, pois o terreno era mais alto, enquanto que muros maciços e pilares sustentavam-no do lado da rua.

Curvando-se sobre o muro, ela olhou para o lado de onde continuava a vir o som dessa voz, até que ela entendeu as palavras também. Eram a voz e as palavras que tão poderosamente vibravam em Maria.

"Fazei penitência!"

Pensativamente ela abaixou sua bela cabeça, que quase não suportava a abundância dos cabelos louros. Estavam artisticamente penteados, e os cachos que caíam sobre os ombros tinham sido cuidadosamente arrumados por um cabeleireiro romano, artista em sua profissão. As fivelas e grampos brilhavam no sol que perpassava a folhagem viçosa e coberta de poeira.

Um vestido branco de muitas pregas envolvia a grande figura de mulher, cujas mãos se apoiavam de leve nas pedras cinzentas do muro, coberto de uma camada fosca de musgo, que atestava sua idade.

Maria de Magdala era muito bonita, considerada uma das mulheres mais desejadas da cidade. Mas muito maior ainda do que a fama de sua beleza física era a admiração que todos tinham por sua inteligência e por seus dotes espirituais. Isso a tornara uma mulher influente, muito estimada nos círculos dos romanos, desfrutando igualmente grande prestígio em Jerusalém, até em famílias da mais alta projeção.

Em sua casa, ela mantinha ampla vida social, sendo uma das grandes cortesãs da época, que conseguiam exercer uma forte influência sobre todos os ramos da arte, da política, da economia e do poderio militar.

E para ser respeitado e estimado em Jerusalém, em todas as esferas, nessa época de transformações políticas, era necessário possuir uma superioridade e inteligência totalmente extraordinárias, uma desenvoltura indescritível e máxima cultura. Tudo isso possuía Maria de Magdala.

Aproximava-se, do lugar onde ela estava, uma nuvem de poeira, da qual novamente soava aquela voz estranha. No entanto, murmúrios e exclamações ecoavam; exclamações de júbilo e até cânticos se ouviam.

O dono da poderosa voz era João, o grande profeta, que anunciava o reino do Senhor, que ganhava cada vez maior poder sobre os seres humanos, e que falava com a força de seu amor, dominando as pessoas com sua vontade pura.

Maria sentia medo do profeta. Ela, que em outras ocasiões era tão segura de si, tremia.

Um leve suspiro de opressão fê-la levantar seu peito e respirar profundamente. Ela era jovem ainda, contudo, ao olhar retrospectivamente para a sua vida irrequieta e cheia de vivências, deparava-se nela um vazio desesperador!

Reconhecendo, porém, de chofre o vazio, na mesma medida ela sentiu desmoronarem-se sobre si os anos até agora vividos, quase a esmagando. Maria era poderosa e desejada, mas não era feliz.

Sua alma, capaz de se entusiasmar, procurava o vivenciar realmente grande, e não horas embriagadoras. Ela não era leviana nem má, tampouco superficial; pelo contrário, possuía um grande anseio de ajudar e de amar verdadeiramente. Mas não com aquele amor que dela haviam exigido, e que lhe havia dado uma ideia da sordidez do mundo; isso não era amor segundo o seu conceito.

O amor que ela almejava certamente não mais existia nesta Terra. Tornara-se um sonho para a humanidade, pertencia aos deuses.

Havia um sussurro nas árvores, e a multidão que passava por baixo delas murmurava. De repente, ela viu João, chamado o Batista, surgir diante dela, da nuvem de poeira. Com seus olhos flamejantes nas órbitas profundas, ele olhou para cima, para o rosto de Maria. Parando um momento, ele ergueu a mão, como que saudando!

Maria recuou assustada. Ela, que em geral tinha tanta presença de espírito, não sabia o que fazer. O olhar desses profundos e flamejantes olhos era como uma repreensão, como uma indagação, como um despertar.

Abalada, Maria caminhou pelo jardim em direção à casa. Mas ela não se acalmou, pelo contrário, andava agitada de um aposento a outro, lutando contra a decisão de mandar chamar o estranho profeta. E enquanto não instruiu o seu servo de maior confiança nesse sentido, ela não sossegou.

— Ele não virá, disse o servo, ele somente fala à multidão, não aceitando convites para ir às casas. Recusa interrogatórios. O modo dele é totalmente diferente dos oradores em geral, senhora, e por isso irá se opor a ti também. Ele só conhece a própria vontade, é como um fogo aceso, consumindo e ao mesmo tempo iluminando, mas nada fará para o agrado de uma bela mulher.

— Faze como eu te ordeno. Veremos, pois! Além disso, o teu modo de falar é inconveniente. Quem te diz que eu espero um favor dele? Age conforme minhas ordens.

Os olhos belos flamejavam irados, e em volta da boca gravaram-se traços de amargura. Que um servo se comportasse dessa maneira diante dela, tendo a ousadia de uma tal resposta, era o sinal de como a consideravam.

Aprofundou-se na música. Tocando a lira, ela sempre encontrava o consolo, a pureza e a harmonia que sua alma ansiava. Não queria receber nenhum de seus visitantes ou amigos. Nem foi até a cidade; pelo contrário, ficou em sua casa de campo. Um peso desconhecido oprimia sua alma – ela estava aguardando uma mudança de destino. Receosa, esperou a resposta de João. E ela veio:

"Quem deseja aproximar-se do reino de Deus, tem de ir ao seu encontro. Ele não lhe corre atrás…"

Duramente essas palavras atingiram o coração de Maria.

A ESCURIDÃO pairava sobre Jerusalém. Os pecados dessa grande cidade gritavam, por assim dizer, para o alto. Mas, como um tesouro precioso, brilhava seu templo sob o sol terreno. Brilhante e prometedor, ocultando sua decadência interior. Da mesma forma, Jerusalém, a cidade sagrada, louvada e cantada, a cidade rica, grande e poderosa, apresentava-se assim na realidade! Como um lugar carregado de maldições elevava-se o poderoso palácio onde reinava Herodes Antipas, o pavoroso regente, ao lado de Herodíades, sua terrível mulher.

Sobre Herodíades aglomeravam-se os espíritos do vício, consumindo-a viva. Constantemente, ela levava aos lábios de suas vítimas a taça de ouro contendo vinho envenenado. Parecia que ela mesma estava cheia dos piores venenos. Pois, para onde quer que ela se dirigisse, o ar se tornava denso e pesado, de raiva e maldade expelidas por sua alma.

Como algo repugnante, erguia-se o palácio que abrigava essas pessoas. Já sofrendo sob a opressão de Roma, o povo era ainda mais escravizado por elas. Como num tumor que se abre e envenena tudo que ainda está com saúde ao seu redor, do mesmo modo a desgraça saía desse foco.

E em meio disso ecoava ameaçadoramente a voz de João! Durante dias e noites! Ela impeliu Herodíades até os limites da loucura. Herodíades mandara encarcerar João para que ele não agitasse o povo com a força de sua anunciação do reino de Deus na Terra.

"Batizo-vos com água, porém aquele que virá após mim, batizar-vos-á com o Espírito Santo!"

Assim soavam as palavras dele.

E o povo já estava contando maravilhas do Nazareno. De longe vinham rumores os mais incríveis. A ira e o medo da mulher transformaram-se com isso em tal ódio que forçou a morte de João.

Herodes, porém, devido ao medo, teve um colapso quando deu sua concordância a isso, adoecendo de um terrível mal.

A cidade, geralmente tão movimentada, cobriu-se de um silêncio de morte, quando aquele fato horrendo se consumou. Um vento uivava sobre o país, soprando enormes massas de areia que deixaram os seres humanos apavorados.

No templo, as lajotas se racharam no grande pátio, enquanto surdos estrondos subterrâneos retumbavam.

Desgraça ameaçadora pairava no ar, espreitando, como uma exortação. As pessoas andavam inquietas e atemorizadas; havia descontentamento por toda a parte, mas ao mesmo tempo também um calado e opressivo silêncio. Nenhuma palavra franca se fez ouvir. Nos círculos dos escribas, dos cortesãos e demais pessoas ilustres da Judeia, bem como de Roma, apenas se fazia uso de frases vazias. Cada um escondia seu verdadeiro rosto para não demonstrar nada daquilo que se passava no íntimo.

Maria de Magdala era mestra nisso. No entanto, desde que ela havia dado o passo, aquele passo colossal, vencendo o orgulho dentro de si e procurado João, a fim de ouvir suas palavras sobre o reino de Deus, desde então ela sentia asco dessa vida de mentira. Tinha sido para ela como se os olhos do profeta se tivessem encravado em seu cérebro e lido profundamente em sua alma. Eis, certamente, por que ele sabia o quanto ela sofria.

Todavia, agira como se ela não estivesse ali. Falava a todos e ninguém se importava com ela. Em outras ocasiões, o fato de não ser notada ter-lhe-ia sido desagradável e aborrecido, até uma ofensa, no entanto, naquele momento ela o sentira agradavelmente. Também estava vestida com toda a simplicidade, cobrindo a cabeça e os ombros com um véu cinzento.

Fora a última vez que se ouvira a voz de Batista livremente na multidão. No mesmo dia ainda, já à noite, prenderam-no.

O povo, porém, ficava como que estarrecido, ao ouvir de longe a voz dele, ainda agora, ecoando durante horas do fundo da prisão. Os ouvintes não conseguiam penetrar no pátio do palácio. Este estava sendo guardado mui severamente. Mas também não era necessário; pois essa voz parecia ter asas que a levavam para fora, passando por todos os obstáculos, penetrando nas almas que a ela se abriam. Nessas almas, porém, ela causava indescritíveis transformações em poucas horas. Assim aconteceu a Maria de Magdala também.

Ainda uma vez mais ressurgiu diante dela toda a sua vida de até então.

Nunca, em sua vida, ficara abalada verdadeiramente. Seguia com passos orgulhosos um caminho próprio, que havia sido determinado a ela como um fardo a ser carregado. Em tudo aquilo, o que do fundo de sua alma e de bom grado teria evitado, em primeiro lugar, estava a contínua ligação com pessoas de altas esferas sociais; em tudo isso tinha sido envolvida.

Sentira aí cada vez mais o vazio dessa vida, ansiando por algo precioso que lhe parecia estar enterrado em algum lugar. Ela havia procurado, mas não sabia o que estava buscando realmente. Para onde quer que fosse, e por mais vislumbrantes que as circunstâncias externas se apresentassem, já no primeiro momento ela deparava com o vazio.

Assim ela procurara a companhia dos sábios para aprender com eles. Aprendia com facilidade, no entanto também os conhecimentos desses homens pareciam-lhe mortos. Sempre julgara ter anseio na vida por uma torrente de fogo ou por uma nascente borbulhante. Mas como resultado de seus esforços surgiam somente pedras mortas e frias, não aliviando o seu espírito; pelo contrário, sobrecarregando o cérebro e a alma.

Bem que apreciava até certo ponto o saber dos sábios, mas aspirava, com esses conhecimentos, ir além dos limites, o que naturalmente não conseguia. Ela buscava junto às mulheres, procurando conquistar a amizade delas, a fim de aprender como a alma de uma mulher madura e desenvolvida deveria tornar-se. Era como uma lembrança de já ter conhecido mulheres puras e as ter amado.

O coração dela ampliava-se, ao pensar nas figuras ideais que pairavam diante de seu olho interior. Mas ela não sabia de onde tirava essas imagens, percebendo apenas que as mulheres aqui não se igualavam a tais imagens.

Deparava, então, praticamente apenas com decepções. Primeiramente, pensava que precisaria procurar a culpa dentro de si própria; depois, porém, ela tornou-se cada vez mais introvertida com seu grande anseio. Devido a sua riqueza, sua cultura e suas ligações com grandes artistas e eruditos, ela entrava cada vez mais numa roda social da qual as mulheres da alta sociedade se mantinham afastadas.

Por amor a um rico artista romano, ela ficou ligada a essa roda durante anos, e quando ele a abandonou, ela estava rodeada de admiradores e amigos mais do que dispostos a consolá-la. Com horror Maria recordava-se desse tempo de desespero interior e de triunfos exteriores. O anseio pela felicidade desconhecida ficara totalmente soterrado, e o íntimo de Maria tornara-se escuro.

Mas enquanto ela continuava a procurar o turbilhão mundano para se entorpecer, nada melhorava. Sem pais e sozinha como era, tornara-se consciente de que sempre apenas era procurada com fins de obterem algo dela. Sua beleza, seus bens ou seus dons espirituais. No entanto, ansiava tanto em dar! Mas ela queria ajudar as pessoas com seu dar cheio de amor, queria fazer feliz e consolar, não apenas passar o tempo levianamente, como um brinquedo.

Então procurara se aproximar dos pobres e das crianças. Aí, porém, foi atingida por tal onda de ódio, de desconfiança, de amargura e incompreensão, que ela parou, amedrontada, nos limites da caridade, não ousando avançar. Isso aconteceu pouco antes de ter visto o profeta João. E naquela hora ela tornou-se consciente intimamente, de modo firme e indesviável.

"Se algum ser humano for capaz de te aconselhar, então só poderá ser este."

Foi ele, aliás, quem abriu dentro dela o caminho com aquela única e breve sentença que lhe mandara dizer. Paredões de falsas concepções e estreitezas terrenas ruíram com aquelas poucas palavras:

"Quem deseja aproximar-se do reino de Deus, tem de ir ao seu encontro. Ele não lhe corre atrás..."

Quanto ele não lhe havia dado com essa sentença. E agora Herodíades mandara matá-lo.

Foi ao receber tal notícia que Maria sentiu realmente, pela primeira vez, uma mágoa.

Desde aquela hora em que soubera da morte do Batista ela olhava para trás, para sua vida, como se esta tivesse sido vivida por uma outra. Parecia-lhe estar caminhando para uma outra vida, livrando-se de tudo o que a incomodava. As palavras do Batista dia após dia a ocupavam mais. Ela estava procurando o reino de Deus! Isso se transformou num firme conceito, que se ligava ao Nazareno, do qual Batista havia falado.

Ela procurava pessoas que podiam indicar-lhe o paradeiro dele. E queria fazer o que João havia dito. Almejava ir ao encontro daquele que estava trazendo o reino de Deus.

Ao tomar tal decisão, sentiu-se de repente leve e liberta. Lágrimas enchiam seus olhos e um ardente sentimento de gratidão brotou nela, comovendo-a profundamente. Poderia denominar isso de bem--aventurança. Assim deve ser, quando se volta à pátria depois de uma longa peregrinação, pensava ela. Seu intelecto ativo formara essa comparação, sem saber que esse era realmente um processo análogo.

Então, ela se pôs a caminho. Numa liteira, ordenou que a carregassem durante um certo trecho, mas, depois de um descanso numa hospedaria, mandou os criados de volta.

Estes meneavam as cabeças. Que aventura estaria ela planejando agora? E as pessoas que pensavam assim não podiam ser censuradas por causa disso, pois não conheciam a alma de Maria. Julgavam--na capaz apenas das coisas mais aventureiras, mas, seguramente, não de um passo de tão importante seriedade.

Era apenas surpreendente que Maria repentinamente desprezasse tudo quanto fosse de enfeites. Um vestido cinzento e comprido envolvia sua figura alta.

Também o véu era da mesma cor. Os sapatos eram sólidos, próprios para caminhar, e assim ela andou alegremente pelo caminho que lhe fora descrito.

Era-lhe fácil andar, como que liberta, na estrada poeirenta, abafada e sob um sol ofuscante. As horas passavam como que voando. Nunca Maria teria julgado possível uma coisa dessas. Despertara em seu íntimo uma energia que lhe era desconhecida. No anseio de encontrar o alvo de seu espírito, ela esquecia tudo o que até então, em sua vida cômoda de ociosidade, lhe parecia como um grande e intransponível esforço.

Tornara-se para ela algo natural, estar aqui nesta caminhada quente e penosa. Ela não se admirava disso, mas percebia como isso se tornava fácil, pois a cada passo, ela se aproximava daquele de quem Batista falara. Será que ele realmente estabeleceria o reino de Deus na Terra?

No meio que até agora era o ambiente de Maria, faziam-se ideias completamente vagas, mas bem terrenais, do reino de Deus. A maioria sorria, tachando-o de ilusório. Outros presumiam que atrás disso estivesse uma camuflada organização política, e os mais ousados acreditavam num regime terreno de força. Todos, porém, confabulavam uma mistura absurda de imaginações intelectivas. Vagamente, um ou outro havia entendido João e compreendido a sua nítida indicação.

Por que se passara com ela, Maria, assim? Parecia-lhe já ter vivenciado algo similar, há longos, longos tempos passados. Cada vez, porém, sentia-se tomada por uma sensação de dor e de alegria, simultaneamente, as quais não era capaz de explicar nem de descrever. Ela estava acostumada a observar tudo em seu redor e dentro de si. Como um espectador observa um espetáculo, vivenciava a si própria e o mundo ao redor. Às vezes, também coparticipava de um papel, mas somente quando estava segura do sucesso.

Agora, porém, ela sentia-se como uma criança, cheia de acanhamento e temor. Quando essa bem-aventurada e triste dor que lhe parecia saudade da pátria sobrevinha, então não havia mais nada daquela mulher orgulhosa, calculista e apaixonada, restando apenas uma grande timidez.

Assim entregue a seus pensamentos, ela avançava cada vez mais em sua caminhada. O que lhe importavam as tropas de soldados que vinham ao seu encontro, os muitos carros, os mercadores e os mendigos? Ela apenas via o vilarejo que surgia a distância, e no qual lhe haviam indicado uma casa que seria frequentada pelos discípulos do profeta de Nazaré.

Contudo, aos poucos fizeram se manifestar a sede e o cansaço em Maria. Os passos tornaram-se mais lentos e os pés doíam. Ela não notava como as pessoas a olhavam surpresas, pelo fato de ela caminhar assim sozinha.

A paisagem tornava-se mais bonita, mais verde, e um vento brando e refrescante soprava do lago. Mas Maria não queria descansar, com medo de perder o melhor tempo. Um grande aglomerado de pessoas vinha da direção de onde devia estar o lago. Todos vinham de longe, parecendo peregrinos. Faziam parte desse aglomerado mulheres, crianças e muitos anciãos, mas também homens fortes. A maioria era constituída de judeus, todavia caminhavam também romanos entre eles. Alguns pareciam até provir de famílias nobres e ricas.

Uma coisa chamou a atenção especial de Maria: a impressão de coesão que partia dessa multidão. Era como se todo o querer individual tivesse sido afastado por uma grande felicidade comum. Já nesse fato, e também por seu coração começar de repente a bater violentamente, ela reconheceu que aqui se fazia sentir a influência desse tão afamado Jesus.

Um calafrio, um leve estremecer percorreu Maria. A multidão murmurava e cantava, estava feliz e cheia de alegria. Tomadas pelo grande vivenciar, as pessoas contavam milagres realizados ultimamente. Um relatava ao outro, um acrescentava mais do que o outro, e muita coisa eles tinham entendido completamente diferente do que lhes fora dito.

Maria escutava e uma leve decepção traspassou sua alma. Oh! Será que os seres humanos também nesse grande vivenciar do espírito estavam introduzindo seu pequeno eu, a fim de nisso se espelhar? Pois todos tinham sido abalados por uma força, da qual ela imediatamente se tornara consciente, no entanto, as criaturas da multidão permaneciam assim inalteradas! Mas não queria julgar, pois antes, ela mesma teria que se examinar.

A multidão passou por Maria. Automaticamente ela ficara parada, porque não queria ser arrastada nessa correnteza, ainda não fazia parte deles. Somente atrás dos últimos ela queria seguir. Mas então chegou outro grupo de pessoas. Essa gente parecia aglomerar-se em torno de um ponto central. Lentamente, também esse grupo se aproximava da mulher que estava aguardando.

Alguns homens jovens vinham à frente. Figuras bonitas e imponentes encontravam-se entre eles. Mas chamou sua atenção que esses eram ríspidos e fechados para com as pessoas. De preferência, Maria teria desaparecido dentro da terra. Mas ela gostava daqueles homens, pois partia deles um brilho de pureza. Mas por que essa severidade? Onde ficava o amor brando que consola as almas que procuram? Ela estava com receio.

Seriam esses os discípulos do profeta?

Então ela ouviu uma voz repreendendo-os bondosa, porém firmemente, por serem tão severos.

— Lembrai-vos da hora em que estivestes à beira do lago e perguntastes: Senhor, é-nos permitido ir contigo?

Maria prostrou-se de joelhos, levantou as mãos e olhou para cima. Era ele que nesse momento passava, e que havia dito isso.

Fora tão simples, encerrando, contudo, um mundo de amor, de advertência, de repreensão e tanto ânimo para os que procuravam.

"Se esse homem tem tanta bondade, então a ti também será permitido aproximar-se dele, Maria!"

Isso lhe falou a voz interior. Mas ele já havia passado, antes que ela se tornasse realmente consciente de sua presença. Mas um olhar atingira-a! E esse olhar traspassara sua alma como um raio. Parecia-lhe que ele, com esse olhar, havia visto toda a sua vida. E mais uma coisa ainda chamou sua atenção. Ele tinha a aparência de um romano, mas um segundo rosto, muito mais luminoso, ela havia visto dentro dele.

Ela ainda estava ajoelhada à beira da estrada. Um pequeno grupo atrasado estava chegando. Duas mulheres aproximaram-se dela. Também elas traziam um brilho claro na testa, e uma paz serena emanava delas. Solicitude e bondade!

Amavelmente levantaram a mulher abalada, aceitando-a em seu meio. Uma onda de força refrescante perfluiu Maria. Essas mulheres possuíam algo que Maria sempre tanto almejara, possuíam amor e pureza, e a simplicidade da sua maneira de ser dava-lhes um grande encanto. Maria sentia-se abrigada.

Ambas as mulheres, provenientes do séquito do Nazareno, acolheram Maria. Logo ficaram sabendo que ela estava procurando o Senhor. E com o natural sentimento que Jesus lhes doara, elas pressentiram que essa mulher trazia consigo uma vida pesada. Alegremente, ofereceram-lhe seus conselhos e ajuda.

Maria não falava muito, não conseguia. Nela lutava a dor de sua alma, que lhe parecia tão cheia de confusão e pavor, desde que tivera a possibilidade de comparar-se com essas mulheres. Agora ela sentia a causa de sua verdadeira aflição: faltava-lhe o melhor, o mais elevado bem que a mulher possuía – a pureza.

Assim pensava Maria. Ela julgava de acordo com os conceitos das pessoas que até então conhecera, pois bem sabia que os judeus, apesar de tudo, a desprezavam. Por isso a atormentava a ideia de que também Jesus a rejeitaria. Quanto mais ela examinava as duas irmãs, observando atentamente o modo de ser delas, tanto mais ela mesma se considerava uma perdida.

Quando finalmente alcançaram uma hospedaria e Maria já estava alojada num quarto pequeno, porém limpo, uma das mulheres ainda proveu-a de alimento; depois elas saíram, recomendando-lhe primeiramente que descansasse. Prometeram vê-la logo mais.

Depois de breve descanso, Maria levantou-se de um salto. Saindo da casa, ela corria pelas ruas. A noite já estava começando. Maria seguia por uma ruela estreita, ladeada de altos muros. Num portão de grades ela parou, escutando. Havia um florido jardim em preparação para a festa da Páscoa. Parecia-lhe como se soasse uma voz, proveniente do átrio da casa, situada na outra extremidade do jardim, voz essa que fizera estremecer-lhe o coração. Assim, somente Um poderia falar!

Quem uma vez tiver escutado a voz de Deus e tiver aberto sua alma a ela, esse a conhece, jamais a esquecendo. Assim se passou com Maria. Novamente ela sentiu o leve estremecer em seu coração; outra vez pareceu-lhe que seus joelhos vacilavam, sentindo de novo essa cálida onda de bem-aventurança perfluindo-a, à qual se seguia a amarga dor por causa de seu desvalor. Agitada interiormente, Maria esquecia-se de toda a sua boa educação; nela somente falava o espírito ansioso que a impelia a prostrar-se aos pés do Senhor, como anteriormente já havia-se ajoelhado diante de sua força. O espírito estava se lembrando do rogo e do juramento, dos quais a alma e o cérebro terreno de Maria nada mais sabiam. E assim aconteceu.

Faltavam alguns dias para a festa, e Jesus queria ir a Jerusalém com seus discípulos. Eram hóspedes em casa de Simão e estavam sentados no átrio de onde se avistava o jardim e as casas do povoado. A noite irrompera e os galhos dos altos pinheiros sussurravam baixinho. Uma exuberância de flores emitia seu perfume para o átrio.

Jesus estava muito calado, sentado no círculo de seus discípulos, e sobre todos pairava uma leve tensão. Como se pressentissem alguma mudança nefasta que não poderiam evitar.

Então se ouviram passos apressados, e do jardim a voz do guarda. A mulher, porém, que agora apareceu, não se deixava reter. Corria com passos curtos, silenciosos e rápidos, como se ela mesma temesse perder a coragem ainda no último momento; ela subiu os degraus correndo, em direção a Jesus. Inclinou-se profundamente diante dele, beijando-lhe os pés.

O macio véu que a envolvia quase totalmente, deslizou para baixo e uma abundância de cabelos de cor louro-avermelhado caiu sobre o rosto dela. As lágrimas corriam sem parar de seus grandes olhos dirigidos para o Senhor, rogando. Jesus virara-se de leve e paciente e muito seriamente baixou o olhar.

Os discípulos, porém, e principalmente o dono da casa, acharam impróprio que essa mulher entrasse assim perturbadoramente, e Simão disse ao Senhor:

— Eu sei, ela é uma grande pecadora! Não quer mandá-la embora?

Simão era fariseu. Jesus, porém, olhou-o perscrutadoramente e depois a todos que se achavam junto dele, e meneou a cabeça levemente.

— Escuta, Simão, eu te digo: um credor tinha dois devedores, um devia quinhentas moedas e o outro cinquenta. Uma vez, porém, que ambos não tinham nada, ele perdoou a ambos.

Está vendo esta mulher, ela me lavou com lágrimas, tendo untado meus pés, e tu... fizeste o mesmo?

A ela são perdoados muitos pecados, pois ela deu muito amor. A quem, no entanto, é perdoado pouco, este pouco dá de amor. Maria Madalena, teus pecados te são perdoados. Tua fé te ajudou. Vai em paz!

Maria Madalena levantou-se e saiu. Parecia-lhe ter sido libertada de um pesado fardo.

Mas os que estavam sentados à mesa admiravam-se muito por Jesus perdoar pecados.

— Quem é esse que pode fazer isso? diziam uns aos outros, e ficaram com medo.

Em volta de Maria, porém, surgira um invólucro luminoso, iluminando-a. Os fios de ligações falsas haviam fenecido.

Maria Madalena sentia-se muito feliz. Caminhava como em sonho e não sabia como chegara à hospedaria. Havia seguido seguramente seu caminho nesse povoado desconhecido. Logo estava novamente reunida com as outras mulheres; ela sentiu-se literalmente impelida à proximidade delas. Parecia-lhe poder agora lhes falar irrestritamente e lhes perguntar sobre tudo o que tanto a agitava.

Constantemente chamava a sua atenção o modo simples e natural com que elas consideravam tudo o que ocorria no decorrer do dia, e de que maneira alegre assimilavam tudo o que podia beneficiar a elas e a outrem, de algum modo.

Ela observava todas as manifestações das outras, sentia suas intenções e pensamentos, e escutava com alma aberta as palavras delas, querendo aprender com elas. Pois sabia que Jesus, ele mesmo, as havia conduzido, abençoado e iluminado.

Elas falavam-lhe de Jesus, e em cada palavra brilhava a fidelidade, o amor e a dedicação ao Senhor. Maria ficava cada vez mais calada, mais modesta, mais introspectiva, não mais conhecendo a si mesma. Onde tinham ficado os tantos sentimentos e pensamentos, que em outros tempos sempre a haviam agitado tornando-a às vezes tão irrequieta, autoritária e apaixonada? Um silêncio havia nela; apenas um som puro, como a badalada límpida de um sino, vibrava em sua alma. Acendera-se nela uma luz e ela orava sem procurar palavras.

À noite, ela frequentemente ficava deitada em sua cama estreita e dura, acordada; mas noites assim, passadas em claro, traziam-lhe maior fortalecimento e descanso, do que jamais o sono mais profundo lhe havia proporcionado. Ela sabia, ao levantar-se na manhã seguinte, que toda a sua vida teria que se tornar nova. Por isso ela queria pedir a Jesus que lhe fosse permitido servi-lo tal como as outras mulheres.

Queria afastar-se de sua vida de até agora, queria vender seus bens, todas as suas joias, e esforçar-se em seguir aquelas mulheres com humildade, fidelidade e pureza, a fim de, assim como elas, portar uma luz brilhante na alma. Ela fora conduzida maravilhosamente. Às vezes, parecia-lhe como se um espírito auxiliador estivesse ao seu lado, aconselhando-a.

Cheia de confiança e totalmente desprendida, entregou-se às manifestações de sua alma, aprendendo muito com isso. Quando Jesus falava, ela sempre estava presente e assimilava a Palavra dele tal como uma pessoa que estivesse morrendo de sede.

Por enquanto, não mais voltava ao seu lar, e sim, seguia o Senhor. Ela sabia que o caminho dele levava para Jerusalém e por isso se sentia estranhamente angustiada. Por essa razão perguntou a Jesus, quando uma vez se encontrava sozinho no jardim, em frente à casa de Simão:

— Senhor, ser-me-á permitido ir contigo?

Ele olhou-a seriamente e disse:

— Teu pedido será atendido. Vem e segue-me.

Depois ele continuou a falar bondosamente:

— Maria Madalena, serás testemunha dos acontecimentos divinos na Terra. Mas agora aprenderás e anunciarás apenas uma pequena parte. Teu caminho não está no começo, como julgas, mas é uma continuação. Voltarás.

Sempre que a Luz divina colocar os pés sobre a Terra, vós estareis presentes, se não vos perderdes. Somente quando o Filho do Homem vier, compreendereis o circuito todo. Ainda não estais maduros para tanto. Quero dizer-vos tanto, mas ainda não compreendeis aquilo que vivenciais agora; como poderíeis compreender o que virá?

Quero ajudar-vos para que vossa vida seja proveitosa, cuidai que isso se conserve!

Eu não trago o Juízo, mas eu vos conduzo pelo caminho que leva para o reino de Deus. Quando, porém, o Filho do Homem vier, então todos vós novamente sentireis minha presença, pois eu, o Pai e o Filho do Homem somos uno!

Maria Madalena era madura, inteligente e muito mais evoluída do que as outras mulheres. Os muitos sofrimentos que experimentara haviam-na preparado rapidamente. Ela sabia entender, de modo miraculosamente fácil, as palavras de Jesus e, sempre que ele lhe falava, ela fazia grandes progressos em seu desenvolvimento. Ela compreendia a Palavra dele com o espírito, podia vivenciá-la dentro de si em imagens, e parecia-lhe como se a cada dia entrasse mais Luz nela. Assim fora preparada para reconhecer, pouco a pouco, a vida toda.

Mas com isso ela sentia também a aproximação do caminho de espinhos, que não poderia ser poupado a eles todos nesta Terra. Ela via a luz ofuscante do sol que transformava a estrada num tormento, quando nela caminhavam envoltos pela grossa camada de poeira, geralmente numa massa compacta de pessoas desejosas de seguir Jesus.

As mulheres sempre cuidavam do bem-estar físico do Senhor e dos discípulos, quando Jesus, muitas vezes, com alguns de seu círculo, ficava afastado durante dias.

Maria Madalena teve a impressão de ver estender-se uma nuvem fina, porém escura, em todo esse ardente brilho solar.

"Deves advertir o Senhor a respeito de Jerusalém", dizia algo dentro dela.

E assim ela fez. Ele, porém, olhou-a com seus profundos olhos cheios de amor.

— Preciso seguir o caminho, se quero retornar para o que é meu.

Então Maria Madalena viu surgir da figura do Senhor uma brilhante Luz branca em forma de cruz. Mas não contou nada aos outros, pois ele a proibira.

Um dos discípulos andava sorrateiramente em volta de Madalena como se a olhasse com inveja e desconfiança. Era Judas Iscariotes. Ela evitava-o sempre que possível, pois sabia desde o primeiro encontro que nada de bom poderia vir desse homem. Sempre de novo ela censurava a si mesma a tal respeito, pois era um discípulo de Jesus, e o Senhor era especialmente bondoso para com ele.

No início ela fugia da presença dele porque ele sempre estragava, com alguma pergunta, as mais belas horas dela, depois se esforçara em dominar-se, suportando-o. Isso acontecia por amor a Jesus, mas ela sofria com isso, pois agora percebia nitidamente que Judas estava tramando algo de mau. A cada dia ele tornava-se mais enfatuado e mais sinistro.

Sucedeu então que Maria Madalena fora tomada de uma grande inquietação. Andava de um lado para outro, observando tudo com grande afinco. Mal descansava, logo se sentia impelida a levantar-se de novo. Sobreveio-lhe um estado de temor e preocupação que se tornou insuportável. Não estava se preocupando com ela mesma, e sim com Jesus.

Ela disse isso aos discípulos, e Pedro esclareceu-lhe que já há muito haviam formado um anel protetor em torno do Senhor, e que as capacidades que Jesus lhes doara atuariam através deles, frutificando. Ele contou-lhe ainda que Jesus enviaria seus discípulos para que eles reconhecessem o que seriam capazes de executar na vontade dele, e que ela poderia ficar sossegada quando apenas um deles estivesse ao lado de Jesus.

Mas ela não sossegou até que compreendeu que agora não deveria seguir o Senhor, que estava rodeado pelos seus mais próximos, mas que deveria precedê-lo. E ela dirigiu-se a Jesus, dizendo-lhe isso e pedindo que a deixasse ir a Jerusalém, mas não disse o motivo.

Jesus, porém, bem o conhecia e disse:

— Vai em paz. Arruma tuas coisas e prepara a ponte para teus amigos.

Dessa vez ela não entendeu bem as palavras do Senhor. Contudo, pensando nas pessoas que reveria depois de sua própria mudança interior, ela viu uma corrente de fios claros flutuando diante de si, atraindo e repelindo. Parecia-lhe como se andasse no centro de forças de irradiações emitidas por ela mesma. Agora que ela, por vontade própria, dera o passo para atuar em prol de Jesus, a força fluía dela, força que ele lhe havia doado. E ela, cheia de nova vida, seguia caminhando, sem mais nenhum pouco de medo.

Tornara-se estranha em sua própria casa. Andava pelos belos e suntuosos salões e pelo maravilhoso jardim, como se fosse uma hóspede, uma hóspede que havia desfrutado da beleza e comodidade com gratidão, mas que agora estava desejosa de prosseguir a caminhada, deixando alegremente tudo isso para trás.

Os servos vieram ao encontro dela de modo totalmente diverso. Alguns, que anteriormente ela considerara tímidos e estranhos, alegraram-se, sentindo-se atraídos pela senhora. Os outros, porém, que antes a haviam servido diligentemente, tomavam uma atitude quase hostil, em parte arrogante, quando Madalena lhes falava. Irritava-os sobremaneira o fato de não saberem onde a senhora tinha estado, voltando tão mudada.

Com escárnio, olhavam para seu vestido simples e sem enfeites, sendo que alguns até lhe viravam as costas, encolhendo os ombros; pois eles reconheciam que aqui nada mais lucrariam. Os tempos áureos pareciam ter passado. Maria de Magdala parecia-lhes bem pobre.

Por isso riram-se dela, esquecendo-se de quanto ela havia sido bondosa com eles.

Maria Madalena mandou-os embora. Com ricas indenizações e presentes, foram despedidos pelo mordomo. Os outros, porém, continuavam a servi-la.

Como se passava com os empregados, na própria casa, assim mui similarmente comportavam-se perante ela conhecidos e amigos. Muitos nem mais a conheciam, ou não queriam lembrar-se dela.

Ela mesma via todos eles com outros olhos. Quantos valores ela não descobria sob um invólucro modestíssimo. E quanto vazio e presunção, onde ela havia olhado com admiração. No curto espaço de tempo de sua ausência, ela havia aprendido a reconhecer o valor de uma pessoa com o olho do espírito, e não segundo o julgamento humano.

Como era pequeno o número dos que ela poderia conduzir a Jesus! Contudo, parecia-lhe agora mais importante observá-los e aproveitar suas relações. Assim ela procurava pegar os fios que lhe davam uma visão do comportamento dos fariseus, romanos e judeus.

Não era fácil nesses dias tempestuosos. Muitos entre seus antigos amigos olhavam-na com receio. Não podiam ousar falar nas proximidades dela, pois se sentiam tolhidos.

A tensão da atmosfera da grande cidade estava mais pesada e mais opressora do que nunca. Parecia-lhe que uma força indescritível das trevas se concentrava exatamente sobre essa cidade. Estava escondida e à espreita, enquanto uma Luz maravilhosamente clara se aproximava, com força radiante, desse horrível pântano. E novamente apoderou-se dela uma preocupação aflitiva.

Não encontrava sossego, nem de dia nem de noite, perscrutando o estado de ânimo dessa nefasta cidade. Amigos dos discípulos acolheram-na, pois ela podia ser-lhes útil em muita coisa. Um que aguardava com grande alegria a vinda de Jesus era José de Arimateia. Ele preparava sua casa para recebê-lo.

E Maria Madalena procurou-o, falando-lhe de seu medo por causa de Jesus, medo esse que não lhe dava sossego, e contou-lhe da atitude sinistra de Judas.

José, porém, acalmou-a. Parecia-lhe que Jerusalém esperava com ansiedade pelo Senhor, de cujos feitos a cidade toda estava falando. Ele prometeu-lhe ficar atento, vigiando.

E assim chegou a grande hora do destino em que o Filho de Deus, no meio de seus discípulos, fez sua entrada em Jerusalém, rodeado por jubilosas massas populares, e festejado com estrondosos hosanas. Era como se toda a cidade se transformasse num gigantesco e fervilhante formigueiro.

As massas humanas empurravam-se febrilmente em alegre agitação por todas as ruas e praças. Durante horas estavam aguardando nos caminhos a chegada do Senhor.

Não foi possível a Maria Madalena chegar até Jesus. Era demasiado densa a massa de pessoas que enchia as ruas estreitas. Ela apenas ouvia o que o povo falava e via o indescritível júbilo da multidão. A cidade parecia encontrar-se num estado de embriaguez.

Por caminhos que davam voltas, lutando contra as massas afluentes de seres humanos, ela dirigiu-se ao portão de acesso à estrada de Betânia, na esperança de encontrar ali algumas das mulheres.

"Maria Madalena, escuta! Agora começa a tua atuação!"

Não era essa a voz de seu Senhor, ou era a de um ente extraterreno, de um anjo?

"Nas irradiações da pureza essa voz flui das alturas para ti, pois com a tua vontade dirigida à luminosa pureza de Deus, te abriste para tanto. Madura te fez o Senhor por muito sofrimento, rica Ele te fez por muito amor e rica te fez pela Sua graça. Aproxima-te das mulheres! Onde houver mulheres que trazem em si, tal como tu, o ardente anseio pela coroa celeste da pureza, aí minha força atuará através de ti. Para que fiques ciente de quem te fala, olha para mim!"

No meio de seu caminho que seguia pelas íngremes ruelas, ladeadas de muros da velha Jerusalém, brilho celestial parecia jorrar sobre Maria Madalena. Como que dominada pelo brilho surpreendente da Luz, ela encostou-se no muro, cerrando os olhos. Estava sozinha.

Em seu íntimo o brilho continuava, mesmo com as pálpebras fechadas; sim, aumentava até, e um rosto comoventemente belo olhava da Luz para ela.

"Agora não posso chegar a vossa Terra. Apenas minha força te atinge, enquanto o Filho de Deus ainda está na Terra, ela te é proporcionada para a bênção de muitos que anseiam por ela. Interessa-te pelas jovens, pelos órfãos e pelas decaídas. Recebeste a compreensão, e a ti será dada a força."

Palavra por palavra, como pétalas luminosas, chegava essa mensagem da eternidade até Maria Madalena. Ela era uma agraciada, e os seres humanos continuavam a chamá-la de pecadora.

A linda figura angelical, a ela mostrada, usava uma coroa de lírios. O jovem rosto oval era emoldurado por tranças louras. Grandes, de um irradiante azul, brilhavam os olhos, tal como estrelas. A boca que pronunciava tantas palavras ricas, era pequena. A imagem original da pureza, Irmingard, num comprido vestido branco, envolta pelo manto da Luz, estava diante do espírito de Madalena. Trêmula, ela baixou a cabeça, envolvendo-a com as mãos. Devoção e gratidão enchiam sua alma.

Pensando ainda sobre esse maravilhoso vivenciar com a tão bela figura de Luz, Maria Madalena atravessou o portão que levava à estrada estreita de Betânia. Distante dali, ela já enxergava as pequenas casas se destacando. Atrás, estendiam-se, numa pequena elevação, os jardins com o Monte das Oliveiras.

Essa caminhada parecia-lhe estranhamente pesada. Mal podia manter-se sobre os pés, ao aproximar-se da casa de Lázaro. Ela percebia imagens estranhas do templo, enquanto estava sentada no banco em frente à casa, esperando os outros.

Parecia-lhe que em frente das colunas do grande salão, no pátio revestido de pedras, uma multidão se comprimia, olhando atentamente para cima, para a entrada do templo, de onde os mercadores saíram correndo numa completa confusão, como que em pânico. Depois emergiu da escuridão do templo, ao fundo desse cenário confuso, a figura pacificamente radiante de Jesus de Nazaré. Ele mesmo brilhava envolto na vestimenta branca que hoje usava. E agora ela também o ouvia falar.

Ah! Seu Senhor! Como soava a voz dele no amplo pátio, como ela falava ao coração, e como a multidão escutava extasiada. Um grupo de escribas, porém, empurrava-se para perto dele, e entre eles levantou-se uma serpente espreitando.

Maria Madalena viu isso cheia de temor; desde essa hora ela sabia que esses homens queriam destruir o Senhor.

Maria e Marta voltaram, tendo muito a contar. Entraram na casa a fim de preparar uma refeição simples, e estudavam como iriam fazer a festa da Páscoa para o Senhor. Madalena falou com elas, obrigando-se a parecer calma. Maria, porém, sempre pensativa, reconhecendo sensitivamente a verdade, disse-lhe:

— Tu tens a alegria máxima e ao mesmo tempo uma amarga angústia na alma. Cuida que o Senhor apenas veja a tua alegria, quando vier. É bom que veles, mas não que te amedrontes, pois o medo é a morte do sucesso.

— Onde está Judas?

Essa pergunta foi como um peso sobre as palavras das mulheres. Ela mostrou que todas elas tinham a mesma suspeita. Maria Madalena, porém, decidiu logo voltar à cidade. Aquele dia, ao anoitecer, Jesus falou demoradamente com elas.

MARIA Madalena ficou apavorada quando novamente se aproximou da cidade. Como lhe parecia agitada e nefasta toda a atmosfera.

Porém ela, que tinha tanta bem-aventurança luminosa no coração, que fora ricamente presenteada, queria transmitir alegre e gratamente tudo isso a todos os seres humanos que ansiavam por isso. Ela, que viera do irradiante e harmoniosamente vibrante círculo dos discípulos de Jesus, e que ainda estava preenchida pelo vivificante hálito de Deus que fluía em volta de Jesus, queria agir, queria zelar, aproveitar todas as relações e influências, a fim de proteger o caminho do Senhor. E ela queria dar amor auxiliador e misericordioso a todos que dele necessitassem, conforme as ordens da luminosa figura de mulher proveniente do reino de Deus.

Como havia Jesus lhe falado, quando relatara seu vivenciar?

"Segura a força que flui dos reinos luminosos de meu Pai para ti, e utiliza-a. Ela te é dada para auxílio de muitos, que de outro modo não a receberiam. És a ponte para os seres humanos! O que vivenciaste, guarda-o profundamente em ti; não é para o conhecimento mundano, que não preza essa joia, pois não pode compreendê-la. O que disso adquiriste, transforma-o para a humanidade; só então florescerão os frutos da semeadura do espírito!"

E novamente parecia-lhe, como sempre acontecia quando o Senhor falava diretamente a ela, que as palavras continuavam a atuar vivamente, realizando-se. Crescia em Maria Madalena um nítido saber e reconhecer, e com todos os acontecimentos ela estava ligada em espírito com tudo o que agora estava prestes a suceder.

Por isso apavorou-a também o comportamento exagerado do povo, que se concentrava cada vez mais na capital, agora nos dias da Páscoa. Como ela estava contente por Jesus não morar dentro desses muros.

Sempre de novo retornavam os pensamentos de medo por Jesus! Caíam como pesadas pedras sobre a alegre e serena felicidade de sua alma.

De lugares sem qualquer ligação entre si, ela escutava comentários de que estavam reunindo um exército para Jesus. Ela assustou-se, contradizendo alguns que falavam sobre isso, mas logo se calou, ao perceber que estavam se irritando com isso, suspeitando dela. Sua alma estava, de repente, como que açoitada pelo medo.

"Eles prejudicam-no! Causam a ruína dele com suas ilusões e com seus desejos de poder pessoal! O que devo fazer? Adverti-lo? Ele apenas meneia sua cabeça pura, dizendo: 'Tenho de seguir o caminho para o que é meu!' – E os discípulos? Eles não acreditam em mim; pelo contrário, censuram-me, chamando-me de medrosa, dizendo que me falta fé!

Eles, pois, não sabem de que maneira falsa os seres humanos entendem Jesus quando ele fala de reino. Eles mesmos entregam-se a ilusões erradas, acreditando em poder terreno. Quantas vezes ele já lhes disse: 'Meu reino não é deste mundo!' Como, porém, entendem os discípulos essas palavras? Pedro, sim, ele em primeiro lugar – também João – contudo, João igualmente não pode libertar-se da imagem que eles tinham do Messias."

Com essas reflexões ela tornou-se cada vez mais desassossegada. Novamente se fez notar a impressão repugnante que Judas havia causado a ela, na noite do dia anterior. Portara-se como um ladrão surpreendido, à porta, quando Jesus lhe perguntou:

"Onde estiveste?"

Como flechas as mentiras dele haviam-na atingido, assim também teve a certeza de que Jesus nesse momento igualmente entendera o que se passava com Judas. Horror e asco surgiram no círculo deles, e uma profunda tristeza no semblante do Senhor.

Novamente ela lembrou-se de José de Arimateia, como único auxílio, e voltou para casa, preparando-se para procurá-lo. Uma hora mais tarde a liteira levava-a até a casa dele.

Já ficara noite outra vez. O coração dela doía; queria orar, procurando Jesus em espírito. Parecia-lhe como se estivesse ligada a ele de uma maneira maravilhosa, extraterrena. Como que por um fio luminoso, pelo qual lhe afluíam as notícias sobre o bem-estar dele, numa espécie de sentimento intuitivo incontestável.

Surgiu uma solidão nela, depois uma sensação angustiante de abandono. De repente, porém, estendeu-se uma luminosidade radiante em torno dela.

Ela viu Jesus numa comprida mesa de Luz chamejante. Em volta dele vibrava, girando, um círculo de Luz. Ele partiu o pão, dando o cálice com o vinho aos seus discípulos. Estes, porém, tinham todos um aspecto diferente. Também Jesus não se apresentava com o rosto terreno, mas sim um semblante luminoso. A imagem que ela ali via mostrava-o num brilho que não era desta Terra.

E novamente pareceu-lhe não poder entender com seu senso humano aquilo que estava acontecendo; era como se um grande ato e uma realização do amor divino estivessem atrás desse fulgurante acontecimento da ceia. Ela não compreendia o que lhe fora permitido covivenciar em espírito, mas sentia um fortalecimento em seu corpo terreno.

Nesse ínterim, ela chegara à propriedade de José de Arimateia.

Passando por um alto portão, a liteira entrou num pátio circundado pelo muro do jardim. A água de uma fonte murmurava de forma monótona e quase sem ruído. Gotejando de um jarro com formato de um ente da água, caíam as gotas sobre pedras cobertas de musgo.

Já era noite escura. O ar do dia quente de primavera fazia-se sentir ainda sob as frondosas árvores. Sombras sinistras envolviam a edificação alta, onde quase não brilhava luz nenhuma.

Mas no pórtico de entrada, que conduzia para o átrio, encontrava-se fixada uma tocha. Um romano em vestes brancas estava ali, inclinando-se cortesmente diante da visita tardia. Era o mordomo da grande casa, representando o amo em sua ausência. Madalena olhou-o decepcionada, pois era um sinal de que não encontraria José de Arimateia em casa.

Insistentemente soava a voz dela, perguntando pelo dono da casa. Contudo, recebeu a informação de que José de Arimateia partira já havia vários dias, sendo ignorado por todos o local onde o patrão agora se encontrava.

Profunda depressão e decepção refletiram-se no rosto de Madalena. Condoído, o mordomo a convidou a entrar e descansar. Ela já queria recusar, quando então sentiu a necessidade de segui-lo para o quarto baixo, situado ao nível do solo, igual a um cômodo de guarda.

Parecia que todos os empregados da ampla propriedade já estavam descansando. Não se via ninguém. Madalena aceitou o convite do guardião, na esperança de ouvir algo mais preciso sobre José.

Mas o homem era de poucas palavras. Ele não quis falar, embora visse que Madalena estava profundamente comovida. Teve de considerar que essa mulher não viera numa hora tão tardia sem um motivo especial. Mas ficou calado à frente dela. Decepcionada e exausta, ela recostou a cabeça, fechando os olhos. De repente, saiu de seus lábios, sem querer, a frase:

— Venho por causa de Jesus de Nazaré!

Esse nome atuou como uma senha. A expressão serena e segura do romano irradiou uma luz de bem-aventurança interior.

— Eu vejo que és um dos adeptos dele, disse Maria Madalena, e podes confiar em mim.

— Sim, eu amo Jesus e quero servi-lo, foi a resposta. Eu sei que posso falar abertamente a Maria de Magdala. O príncipe me falou de ti. Ele viajou junto com Marcos, o romano. Distúrbios políticos foram a causa. Envolveram o Senhor nisso. Eu tenho de ficar de guarda aqui. Devo transmitir uma mensagem?

E Maria contou-lhe de suas observações e preocupações.

— Não tenhas medo. O que se podia fazer, já está sendo feito, soou de modo claro e decidido dos lábios do romano, tranquilizadoramente.

Depois dessas palavras, ele se tornou formal e fechado de novo, e profunda e solenemente inclinou-se diante da mulher. Mais respeitosamente do que em geral os romanos faziam.

E Madalena pôs-se a caminho de volta, através da noite escura. Morto de cansaço estava seu corpo, exausta, ela se recostou nas almofadas da liteira. Quando a escuridão a envolveu totalmente, o leve balancear da liteira atuava de modo tranquilizador sobre seus nervos, e o brilho das tochas de sua comitiva apenas fracamente abrangia a beira do caminho, uma grande calma, uma força concentrada sobreveio a Madalena. Parecia-lhe existir um poder em sua proximidade, protegendo-a, conduzindo-a e nutrindo-a. Não obstante, ela estava triste.

Sentia-se tomada de uma tristeza mortal e abandonada, longe de tudo o que é humano. O que seria isso?

Lentamente surgiu nela um recordar. Ela lembrou-se das horas em que seu espírito despertou, abrindo-se ao mundo espiritual. Ela recordou-se do que vivenciara no caminho para Betânia e das aparições bem-aventuradas que presenciara.

Mas agora ela sentia subitamente o sofrimento da morte. Um temor indescritível estava nela, solidão e desespero, a luta de uma alma que se separa do corpo com dores indescritíveis. Sofrimento humano vivenciado em um plano superior, assim lhe parecia. Contudo, não era seu o sofrimento. De quem era, então?

Ardia-lhe o coração, seus olhos transbordavam de lágrimas, suor frio corria-lhe da testa e as mãos juntavam-se geladas, como que em oração.

Ela vivenciou um quadro: a escuridão envolvia uma figura prostrada pela dor nas pedras cinza-escuras. Solidão – somente o murmúrio das oliveiras ao sopé do pequeno morro. Nuvens passavam pesadamente pelo céu abafado, mal deixando traspassar de vez em quando o fraco luar.

Em cima, nas nuvens, soprava um vento, mas embaixo o ar era irrespirável, abafado, como antes de uma trovoada. Um cansaço pesadíssimo pairava sobre as criaturas da Terra. Tudo sofria uma pesada luta. Era como se a natureza estivesse prestes a morrer.

Em Madalena, esse sofrimento tornou-se certeza. Ela sofria demoradamente e parecia-lhe precisar partir desta Terra. Seu corpo sofreu conscientemente dores indizíveis, e ela não mais conseguia pensar no próprio eu. Onde ela estava? Claridade ofuscante entrou como uma corrente nessa escuridão.

"Pai, Pai!"

Ela escutou a voz de Jesus. Esse tom vibrava através de todos os céus, é o que lhe parecia.

Um deslumbrante par de asas abriu-se poderosamente no resplendor, e uma clara e chamejante mão ofereceu um cálice proveniente da Luz. – Mais, Madalena não viu.

Como morta levaram-na à sua casa, quando pela madrugada, na hora do primeiro canto do galo, pararam diante do portão.

MADALENA percebeu, sim, que a haviam levado a sua casa e a deitado ali. Sua fiel serva Bethsabé estava a seu lado. Dela fluía o amor protetor e maternal para a alma profundamente abalada de Madalena. Bethsabé era talvez a única de suas servas que conhecia Madalena realmente e que vira na alma fechada dessa mulher, imperiosa e aparentemente fria, fulgurarem as pedras preciosas nela colocadas por Deus e enterradas até há pouco. No despertar de Madalena, nasceu e cresceu também em sua serva o amor por Jesus Cristo.

Depois de ter tratado o corpo totalmente esgotado de sua senhora, deitando-a, Bethsabé acendeu a pequena lamparina de cuja luz serena Madalena gostava. A seguir, ela dirigiu-se silenciosamente para a antessala do dormitório, a fim de ali ficar em vigília. Seus pensamentos estavam tristes e cheios de dor, pois chegara um mensageiro, já à noite, dizendo:

— Venho de Betânia. Dize a tua ama que prenderam o Senhor, levando-o diante de Caifás.

A Bethsabé pareceu deslizar a Terra debaixo dos pés. Essa mensagem atingiu-a como uma flecha, e ela sentiu uma imensa dor por não poder retransmiti-la. Madalena agora estava ali, mas como poderia ela dar tal notícia a essa mulher que parecia profundamente abalada, mal podendo abrir os olhos? Medo e dor lutavam nessa alma fiel, pois também sofria pelo Senhor, que significava para ela a vida.

Ela também, durante o dia todo, passara correndo desassossegada, atormentada por graves e amargas angústias. Havia procurado no trabalho um calmante para suas preocupações.

A lamparina no dormitório da ama tremulava, um profundo suspiro se fez ouvir, depois tudo novamente silenciou. Bethsabé levantou-se, escutando. Ela puxou a cortina para o lado e olhou para Madalena. Não estava ela estendida igual a uma morta? Seus olhos, geralmente tão exuberantemente vivos, estavam como mortos. O rosto dela estava imóvel e desfigurado, gotas de suor rolavam pelos abundantes cabelos sobre a branca testa.

Bethsabé lavou-a com vinagre, e Madalena moveu-se. Bethsabé aguardava com receio o momento em que teria de dar o amargo golpe à ama, informando-a da mensagem horrorosa. Madalena levantou a cabeça das almofadas e ergueu-se, olhando para distâncias longínquas.

— Bethsabé, aconteceu algo horrível, prenderam nosso Senhor, pois Judas o traiu! Ele é inocente, mas querem prejudicá-lo, e nada poderemos fazer, a não ser recebermos ajuda do seu Pai. Sei de tudo, mas não me perguntes nada, e não fales sobre o que estás ouvindo de mim; pois não é meu para que eu possa passar a outrem. O que me é comunicado, é somente em prol da Luz.

Bethsabé não entendia sua ama e estava com medo. Madalena falava como que em febre. Mas a fidelidade dela era tão pura, que não perguntava nem duvidava, e sim, obedecia calada.

Madalena quis levantar-se.

— Quero ir a Betânia.

Mas ela não conseguia erguer-se; parecia que forças irradiantes a seguravam no leito, e como se uma invisível mão colocasse um límpido espelho diante dos olhos dela. Ela percebeu surgirem imagens nele, as quais exerciam tão poderosa impressão sobre ela, que ela sentiu fortes dores com isso.

Jesus estava sentado sobre um monte de palha num pátio. Suas mãos estavam atadas e tinham colocado uma coroa de espinhos em volta de sua cabeça. Haviam-lhe colocado uma vara na mão, a qual deslizou para o chão. Estava escuro nesse pátio. Um galo cantou a distância. Passou um leve e dolorido tremor sobre o corpo de Jesus; ele estava sentado silenciosamente, olhando à sua frente, mas seus olhos estavam vazios.

Onde ele estava? Quase não sentia suas dores, parecia como que apagado. O que ainda viria, passaria por ele.

Madalena apenas tinha uma única vontade: poder ajudar a afastar aquela coisa pavorosa, que ela sentia vir quase com certeza. Fazer algo; não precisar esperar inativamente até que se abatesse o desfecho com a mais fria brutalidade. Então veio soprando, como que através de finas cordas, a voz do Senhor:

"Pensas que eu não poderia pedir a meu Pai que me enviasse Suas multidões de anjos em meu auxílio? Quando eu não mais estiver entre vós, e chegar para vós o auxílio, só então me compreendereis. Eu não vos disse tantas vezes que minha hora logo viria?"

Madalena tremia ao ouvir a voz de Jesus. Parecia-lhe que milhares de irradiações luminosas a perfluíam.

Novamente ela caiu exausta sobre o leito. Chorando baixinho, a serva permanecia ajoelhada aos pés da cama, para auxiliar Madalena se fosse necessário. Ela não ousou se mover. Madalena caiu de novo em profundo sono. Pela manhã, contudo, ela levantou-se. Seu corpo estava fortalecido e sua alma, que tanto sofrera, estava calma e consolada.

Ela só tinha um desejo: queria procurar Pilatos. Era necessário que se apressasse e ela precisava de todas as suas forças para essa visita.

Pôncio Pilatos estava no átrio de sua casa, absorto em pensamentos. Era ainda cedo, pela manhã, e ele já estava a postos, pois um dia pesado e cinzento estava diante dele. O descanso noturno não o tinha libertado da opressão, aumentando até sua tensão, deixando-o aflito e inquieto desde o anoitecer até a manhã seguinte.

Sem parar, com os braços cruzados, havia andado para lá e para cá no terraço, sob a luz abafadiça do anoitecer. Parecia-lhe que um largo raio de sol, de um amarelo ardente, estava hoje sobre sua cabeça, o qual com uma determinante e dominante intenção, proveniente de incompreensíveis leis cósmicas, pesava sobre ele. Queria opor-se a essa força do destino, que oprimia como um pesadelo, a ele, a figura poderosa, inflexível e grande de Roma. Mas essa força radiante era tão extraordinariamente dominadora, que ela o seguia para onde quer que ele se dirigisse. Ignorante, encontrava-se esse homem sábio, que tudo dirigia; o governador, o temido – e ele pensava. Pensava sobre algo indescritível que nunca lhe acontecera e que entrara de repente em sua vida. Ele encontrava-se como que diante da soleira de uma porta, sendo obrigado a tomar uma decisão. Ele, o homem das decisões amadurecidas e rápidas, que nada temia; ele, que possuía um cérebro calculista, visão clara e ampla, e um coração cheio de uma bondade severa; ele, que nunca falhava na segurança de seu julgamento, ali estava parado e pensava; sentia-se oprimido por uma força que não lhe parecia terrena.

Assim Madalena encontrou o governador, o primeiro servidor de Roma, com quem queria falar. A fria superioridade do romano logo se refletiu na fisionomia dele, de início dominada pela insegurança, quando o servo lhe anunciou a visita matutina.

Dando de ombros, e recusando com um movimento duro da mão direita, ele já queria mandar despachar a visita. Mas a vontade de Madalena era cheia de força e sem dúvidas. Confiava que o anseio para atuar a favor do Senhor teria que transferir montanhas e amolecer pedras. Por que não então o coração de um nobre romano, altamente considerado, como era Pilatos? Toda a vitoriosa potencialidade da mulher orgulhosa e a inteligência despertavam em Madalena. Ela não conhecia nem medo nem dúvidas – e Pilatos disse, sem opor resistência:

— Manda entrar.

Com dignidade e segurança Maria Madalena estava perante o poderoso, não faltando a ela o mais alto grau de cortesia. Ela falava de Jesus. Ela não era a penitente, nem a desprezada, nem a decaída. Era a serva convicta do grande Salvador da humanidade.

Pilatos escutou fascinado. Já há muito havia ele acompanhado a evolução do movimento religioso dos judeus. Ele mesmo era filósofo e procurava Deus. O que João havia preparado, esse Jesus parecia coroar.

Contudo, ele não negou que Jesus estava angariando demasiado número de adeptos. Ele era um romano; o que lhe interessava a religião desse povo? No entanto, ali havia mais do que mera religião. Ali havia algo pelo que a alma gritava de anseio, era o que Pilatos sentia. E nele surgiu o pensamento: "Gostaria de falar com o 'rei dos judeus'."

Isso, porém, logo aconteceria. Madalena considerou isso como certo, pois sabia que ele seria entregue aos romanos.

Ela contou o que sabia da atuação e da existência de Jesus, para que Pôncio Pilatos conhecesse a verdade. Ela não pediu a favor do Senhor, não conseguia pedir a um ser humano que intercedesse a favor dele, pois ainda guardava dentro de si a voz exortadora de Jesus:

"Pensas que eu não poderia pedir a meu Pai que me enviasse Suas multidões de anjos em meu auxílio?"

Depois de demorada conferência, o romano despediu Maria Madalena. Ele queria interessar-se pelo profeta. Madalena saiu.

Como que aliviado da opressão da noite, Pôncio Pilatos voltou para o átrio. Ali encontrou um bilhete da esposa.

Ela havia tido um sonho. Que ele não se envolvesse com o justo profeta!

Como uma advertência eram para ele essas palavras da inteligente e nobre esposa. Assim preparava-se a hora em que Pôncio Pilatos seria colocado diante da decisão de sua vida.

Aproximava-se o murmúrio da multidão. Sobressaíam gritos isoladamente e os guardas tinham dificuldades em manter o povo afastado do pátio. Apenas com um pequeno destacamento de milicianos armados, conduziram o preso perante o governador.

Pilatos apareceu nos degraus entre as colunas da casa. O pátio estava bem guardado. Com serena e fria objetividade ele olhou o homem diante de si.

A altivez singela da cabeça abaixada inspirou-lhe respeito. Um leve pressentir de um poder desconhecido e incompreendido despertou em Pilatos. Ali havia algo mais que o poder terreno do mais forte; ali estava o poder do espírito.

À primeira vista, o experimentado servidor de Roma sabia:

"Este é livre de culpa!"

E ele pronunciou isso.

Jesus levantou os olhos, fazendo um movimento com a mão atada, como se elevasse para cima o espírito de Pilatos. Um respirar aliviado encheu então o peito do romano. Jesus havia dado a ele mais do que Pilatos podia supor.

Ele, porém, não podia passar por cima de suas instruções, e teve que apresentar aos judeus, que já investiam impacientemente aos gritos contra o portão, a pergunta prescrita pela lei.

Qual dos acusados queriam ver liberto para as festividades da Páscoa? Ele esperava que escolhessem, naturalmente, Jesus, pois os outros eram criminosos comuns.

No entanto, ele nem acreditava em seus ouvidos, quando exclamaram o nome "Barrabás". O silêncio que se seguiu era sinistro e angustiante. Nem um pio de passarinho nem o mínimo sussurro de vento se escutavam. O mundo estava estarrecido, como morto. Era como se parassem a respiração e a pulsação de todos.

Pilatos parecia ter sido atingido por uma síncope. A incalculável alma popular mais uma vez desvendara toda a sua miserabilidade. Ele teve asco desse covarde e traiçoeiro bando. Teria preferido mandar exterminar todos eles.

Por que odiavam esse puro? O potencial da pressão celestial aumentara ao máximo nesses breves momentos da decisão, os quais pareciam horas. Aquilo que os que se aproximavam da Verdade sentiam como força inquietante, porém benéfica, levava as trevas à loucura, à sede de sangue e fúria. E levantou-se um grito como uma só voz de incontáveis gargantas:

"Crucificai-o!"

Depois o mesmo mais duas vezes.

E Pilatos lavou suas mãos como símbolo de que era inocente nesse assassinato.

A seguir, os milicianos romanos juntaram-se em volta de Jesus. Os soldados conduziram-no para a casa de julgamento, guardando-o. O grande portão de ferro afastou-o dos olhares da plebe.

Um calor rubro e sanguíneo pairava sobre suas cabeças, como sinal dos pensamentos e desejos da plebe:

"O seu sangue virá sobre nós e nossos filhos!"

Agora na cidade, também irrompera um tumulto furioso, depois de terem chegado, já havia dias, notícias de lutas e agitações no interior. Os romanos, porém, restabeleceram logo a calma com impiedosa dureza. Apenas a alma do povo – a atmosfera da cidade toda – estava saturada de uma raiva reprimida, de sangue e de revolta.

As mulheres mal ousavam aparecer nas ruas. Amedrontadas e oprimidas, esperavam numa ruela que conduzia através de uma subida íngreme para a estrada rumo ao Gólgota.

Lentamente, o triste cortejo saía entre os soldados da casa do julgamento. Elas juntaram-se a ele.

Pesado como chumbo, passou o horrendo quadro diante delas. Era como se elas não mais vivessem. Num tremendo torpor, passavam os véus funestos por elas, nos quais todo esse acontecer parecia estar entretecido.

O som abafado dos passos dos milicianos misturava-se com o arrastar dos acompanhantes entregues apaticamente a um opressivo sofrimento, que mantinha a cidade inteira como que sob uma forçada ilusão.

Eram pavorosas essas horas; sinos estridentes repicavam cheios de dor na parte superior da cidade. Soluços reprimidos soavam entre a multidão que cercava as ruas.

Maria Madalena estava perto do lugar da execução, entre as outras mulheres. Ela sofria indescritíveis tormentos do corpo e da alma. Dores que ela nunca teria imaginado possíveis. Embora estivesse presente, nada via de tudo aquilo que se passava na Terra. Apenas Maria, a mãe de Jesus, conduzida por João e que se achava perto, debaixo da cruz, apenas ela Madalena via. Então ela sentiu a dor de seu coração como um tormento tão amargo, e pressentiu:

"Esse deve ser o sofrimento da mãe."

Era tão horrível o que se passava sobre a Terra, que não é possível formular isso em palavras. Era como se caísse o céu e cobrisse essa cidade com um pano da morte.

A hora da morte de Jesus aproximava-se.

A certa altura, Madalena viu um rosto escuro, terrivelmente ameaçador, aproximar-se de Jesus. Ela soltou um gemido, erguendo alto os braços. Mas Marta reteve-a, e então ela acalmou-se.

Ela ouviu a voz de Jesus, do alto, vinda de longe. Como de alturas celestes soou seu tom:

"Pai, abandonaste-me?"

Isso, contudo, repeliu a sombra escura. Como uma espada, passou um raio de Luz sobre o firmamento, iluminando a cabeça do Filho de Deus, que suavemente pendeu para o lado.

Baixinho, apenas sendo possível pressentir, soou ainda da cruz:

"Está consumado!"

Nesse momento, tudo brilhava na irradiação branca de Deus em volta de Jesus, e o olhar de Madalena ampliou-se mais ainda. Ela viu algo tão puro, elevado, distante da Terra, quase inapreensível ao espírito humano.

No solo escuro do calvário estava a cruz. Mas a madeira escura da cruz não mais se via. Tudo debaixo dela estava envolto por nuvens pretas. Em cima, porém, onde pendia o corpo de Jesus, fluía tanto da Luz de Deus, que as formas terrenas ficavam totalmente escondidas com isso.

Madalena apenas viu fulgurar a sangrenta ferida lateral, os sinais nos pés e nas mãos, e o rosto irradiante sobre cuja testa corriam gotas de sangue. A coroa de espinhos parecia ser de ouro líquido, ardendo como que no fogo do sofrimento. Era, no entanto, uma dor bem diferente da dor terrenal, pois essa Jesus já havia sofrido antecipadamente. Era o fulgor da Luz divina e a volta para a Luz!

O sangue brilhava como rubi. Rosto, mãos e pés, bem como o lado do coração, estavam traspassados pelo brilho da Luz radiante. Viu os braços estendidos cobrirem-se de Luz, transformando-se em poderosas asas chamejantes como ouro. E todo esse quadro, que se transformou num brilho sagrado, subiu lentamente por um portal de Luz circundado por luminosas figuras de cavalheiros. Escadarias tornaram-se visíveis conduzindo para alturas infinitas. No meio da escuridão terrena, passou a irradiação dessa Luz divina durante o breve momento do traspasse, com as palavras:

"Pai, em Tuas mãos entrego o meu espírito!"

Os seres humanos, porém, nada perceberam disso.

Relampejou um ofuscante raio de Luz. Asas flamejantes estendiam-se sobre a cruz.

Então soou a voz convicta de um homem da multidão:

— Em verdade, este era o Filho de Deus!

A Terra escurecia, o solo tremia. Cheios de medo e pavor cambaleavam os seres humanos. Estarrecidos, entreolhavam-se com olhos vitrificados. Um pavor, um medo de indizível dor os oprimia. Assim a responsabilidade caiu sobre o espírito humano.

A MENSAGEM de Maria Madalena chegara tarde demais às mãos de José de Arimateia. Apesar de ter partido imediatamente de sua casa de campo, situada fora da cidade, ele não pôde chegar assim depressa a Jerusalém. Havia inquietação e agitações em volta da cidade, bem como em suas ruas.

Quando José de Arimateia chegou ao calvário, o Senhor já falecera. Ainda estavam ali, abalados, os mais próximos, em pequenos grupos. Maria havia colocado sua cabeça sobre o ombro de João, e ele teve de segurá-la para que não caísse.

O governador Pilatos dera ao príncipe José de Arimateia a licença de sepultar o corpo de Jesus numa cripta de rocha, pertencente aos jardins, não muito distantes. Era totalmente nova.

Os soldados enviados pelo governador colocaram em ordem o amontoado de pessoas, afastando-as. Depois, José mandou tirar o corpo do Senhor. As mulheres de Betânia haviam-se aproximado timidamente; entre elas também estava Madalena.

Colocaram o corpo do Senhor na capa estendida do príncipe, envolvendo-o em panos brancos. Depois, os discípulos carregaram-no. Os outros seguiam atrás. Era como se o mundo tivesse parado de respirar.

Morta estava a natureza, mortas as coisas que geralmente eram cheias de brilho e mortos os seres humanos. Como invólucros vazios movimentavam-se em direção à sepultura. Colocaram-no dentro, fechando-a com uma grande pedra.

Maria Madalena não podia separar-se do jardim. Um caminho estreito, abundantemente florido, levava para cima do rochedo. Ela caminhava por ele completamente introvertida. Tinha que estar totalmente só. Seus olhos ardiam, a testa doía e mal podia levantar ainda os pés. Sentou-se numa pedra e olhava em silêncio, demoradamente, para a sepultura, chorando.

Sua dor aos poucos se tornou completamente diferente. O terrível estarrecimento de seu íntimo cessou, ela tornou-se mais leve, mais liberta, e uma oração parecia brotar nela. Puro e leve, saiu dela um fluxo luminoso, procurando subir bem devagar, de início timidamente, depois cada vez mais vigoroso, e então logo veio, reciprocamente, em abundância, uma força de cima que entrou em Maria Madalena.

Ela novamente sentiu vida em si, e parecia-lhe que um auxílio superior estava ao seu lado. Ouviu uma voz velada de anjo murmurar de modo sério e triste, contudo consoladoramente, e ela entendeu as palavras:

"Cobriu-se o Santo Graal até o terceiro dia. Então reverás o Senhor no círculo dos seus. Tu, porém, vem e ora pela manhã neste local!"

Como uma suave mão, algo se inclinou sobre a cabeça de Madalena. Uma luz brilhava nela, e pareceu-lhe que essa luz através dela passava pela pedra fria, indo até o fundo da sepultura fechada. Ela levantou-se e saiu no meio da penumbra que vagarosamente baixava. Havia paz em sua alma.

NA manhã do dia seguinte, ainda no escuro, Madalena novamente se aproximou da sepultura do Senhor. Ela não fechara os olhos durante a noite toda. Seu corpo dolorido havia deitado sobre os macios cobertores, como se fosse sobre uma cama dura de ferro. As dores de sua alma haviam deixado profundas marcas no corpo terreno. Ela parecia externamente mudada. Porém ela não se preocupava com isso; também mal o havia percebido. Seu espírito vivenciava demasiadamente fundo o falecimento do Senhor, empenhando-se em segui-lo.

Parecia-lhe peregrinar atrás do Senhor ansiosamente, procurando pegar a Luz que ainda lhe afluía de distâncias elevadas e que se retirava cada vez mais para o alto. Quando o espírito, em pavoroso despertar, se tornava temporariamente consciente no corpo terreno, então uma dor de solidão e de perda desabava sobre Madalena, e isso de modo tão colossal, que ela pensava sucumbir.

Ela sofria a dor do mundo inteiro, porque esse mundo não compreendia e não entendia com o que havia-se sobrecarregado e o que havia atraído sobre si, através da morte de Jesus, pelo assassínio do Filho de Deus. Ela sofria. Mas tinha mesmo de sofrer, a fim de amadurecer para a missão que o Filho de Deus lhe havia determinado.

Como é que ela deveria fazer os seres humanos conhecerem vivencialmente a sua culpa, como é que ela deveria tornar-se educadora e médica da decaída mulher terrena, como semear na alma da criança feminina, fazendo desabrochar o germe da virtude da mulher, se ela mesma não amadurecesse pelo sofrimento para o reconhecimento máximo?

Cada discípulo, de acordo com a sua maneira específica, teve de amadurecer através do sofrimento, nessa noite, assim era o desenrolar desse acontecimento conforme as leis. Quem conhecia o curso dos astros poderia reconhecer isso.

Cada um sofreu segundo sua maneira e cada um era favorecido em sua força pelo amor de Deus. Foi uma noite sagrada, quando os discípulos levaram o corpo de seu Senhor da sepultura até o lugar que o esconderia por milênios.

Maria Madalena, no entanto, nada sabia disso. Ela aproximou-se da sepultura, silenciosamente, orando com sua alma aberta. Ela carregava uma cesta de flores, sob as quais escondera as tigelinhas com o aromático bálsamo, com o qual queria preparar o corpo do Senhor para um longo sono, segundo os costumes dos judeus.

Mas quando ela se aproximava da sepultura, foi envolta por uma força que a obrigou a diminuir sua respiração. A força atraiu-a mais para o alto, como se ela saísse de si própria, vendo tudo: a cerração da madrugada que se estendia pela planície, pelas colinas, apontando suavemente no reflexo da aurora e pelos densos jardins que formavam um leve arco sobre as elevações, num brilho sagrado, branco e sobrenatural.

Maria Madalena parou, e o seu corpo estava próximo da sepultura na rocha, em cujos dois lados brilhava um fulgor luminoso espiritual. Os olhos dela estavam ofuscados, mas com a força que lhe fora dada, ela podia suportar e acolher o brilho.

Percebiam-se figuras na Luz clara, que se delineavam cada vez mais, à medida que Madalena perdia o medo do extraordinário de sua percepção.

Adquiriram formas tão nítidas, que lhe pareceram corpos terrenos, embora fossem transparentes como vidro e brilhassem num vislumbre de prata.

"Não tenhas medo!", disse uma das figuras, "e escuta o que nós te dizemos: Jesus, o Filho de Deus, a quem estás servindo, ressuscitou com a sua parte divina, que estava dentro dele. Ele ainda ficará convosco durante quarenta dias, caminhando entre vós. Aqui e acolá o reconhecereis, recebendo de sua força para a bênção da Criação posterior. Mas o corpo dele será guardado como testemunha para o Juízo, que agora terá de vir sobre a Criação inevitavelmente, e para a época do Filho do Homem aqui na Terra."

Como se um cinzel gravasse as palavras na pedra, assim as palavras do anjo de Deus se entalharam no espírito de Maria Madalena para a eternidade. Seu espírito assimilou-as, entendeu-as e conservou-as. Sua boca, porém, falou às mulheres que a haviam seguido silenciosamente:

— Vede, quando cheguei, encontrei a pedra retirada, e duas figuras luminosas estavam no interior da sepultura. Tiraram nosso Senhor. Vamos até os discípulos, para informá-los.

Quando, no entanto, trêmulas e soluçando de emoção, voltavam pelo caminho, e as finas névoas se tingiam de cor-de-rosa, então apareceu, saindo da camada de nuvens que se estendiam sobre as colinas, uma figura exatamente à frente de Madalena. Um rosto luminoso transfigurado pela Luz branca de Deus olhou-a. As mãos de Jesus estendiam-se em direção a ela, como que erguidas para a bênção. As marcas dos pregos ardiam tal como rubi nas luminosas palmas das mãos, e a voz do Senhor falava com o brilho vibrante e a suavidade que lhe era peculiar:

"Não toques em mim, Maria! Não suportarias a força. Sou eu! Vai e dize isso a meus discípulos."

Maria estava profundamente abalada, não obstante um grande vigor vivificou-a, e a dor que sentia foi-lhe tirada. Ela viu nitidamente que esse era o Senhor. Mas também sabia que não era o corpo terreno de Jesus que estivera diante dela, pois somente podia vê-lo com aqueles olhos com os quais percebia as imagens luminosas das alturas. Jesus muitas vezes havia tentado tornar-lhe compreensível a sua vidência, mas agora se lhe tornara mais claro ainda, mais compreensível, e ela quase se assustou com a colossal grandeza de tal graça.

Como podiam os seres humanos ter algo disso em sua Terra, sem nada saber? Mas eles mesmos haviam sentido os enormes tremores da natureza na hora da morte de Jesus, e já no segundo dia quase os tinham esquecido.

No caminho até os discípulos, ela deixou Maria e Susana andarem a alguma distância à sua frente, pois ela queria estar só. Então o Senhor mais uma vez se aproximou dela e falou:

"Eu sou. Estou caminhando diante de ti para a Galileia. Três de vós me verão, mas não acreditarão e não compreenderão, pois ainda não entendem o atuar das leis do meu Pai e confundem em sua imaginação a forma e os efeitos dos fenômenos das irradiações divinas.

Por isso eu te digo: 'Não me toques!'

Por terem conhecido até agora somente meu invólucro exterior, não me reconhecerão agora de imediato. Apenas tu conseguiste, Madalena, pois através dele muitas vezes te olhei, por isso também podes reconhecer-me agora.

Assim como estás me vendo, venho do Pai, mas como sou dentro Dele, ninguém consegue ver-me.

Quererás explicar a eles todos com mil palavras, mas não compreenderão e não acreditarão. Por isso apenas dize a eles:

'Estou caminhando diante de vós para a Galileia', disse o Senhor, pois ele ressuscitou e disse-me para anunciar-vos isso!"

E ACONTECEU como Jesus havia dito. Não podiam acreditar. Pedro foi até a sepultura, encontrando-a vazia. Não viu ali o Senhor.

TOTALMENTE diferente, porém, foi com as mulheres. Suas almas profundamente entristecidas estavam sedentas por qualquer raio de esperança, por qualquer vislumbre de Luz que atingisse os dias tão profundamente tristes. A falta se lhes tornara cada vez mais penosa; procuravam Jesus com ansiedade. E então elas vivenciaram o encontro de Jesus com Maria Madalena – e viram elas mesmas o Senhor.

Elas foram até os discípulos, confirmando-lhes o que Madalena havia dito. Mas os homens não lhes deram crédito. Com isso as mulheres se uniram mais entre si.

Havia, justamente nos dias do mais amargo sofrimento um tecer maravilhoso, uma força e um amor irradiante entre essas mulheres, que todos aqueles que sofriam, sentiam isso como um bálsamo. Quando elas iam até os discípulos, então lhes parecia que elas levavam uma saudação do tempo feliz em que Jesus ainda se achava entre eles.

Quando os discípulos estavam sozinhos, a dor os sobrepujava e cada um sentia uma opressão especial. Era a opressão que ainda traziam em si, como seres humanos, como fraqueza não superada, quando o Filho de Deus foi assassinado. Essa opressão inerente à alma de cada um não sossegava quando chegava a hora dos sofrimentos, até que cada um reconhecesse e superasse a sua fraqueza.

As mulheres, porém, em seu profundo sofrimento, haviam-se agarrado à fé, não abandonando aquilo que das palavras sagradas de Jesus se havia vivamente gravado em suas almas. Elas seguravam-se firmemente nisso, com a tenacidade do espírito que não mais deixava sua pátria depois de encontrada; seguravam-se em amor e esperança, deixando ficar desperta a confiança. Por isso lhes fora permitido, como primeiras, olhar o Espírito do Senhor caminhando. Denominavam-no de acordo com a palavra que ele lhes havia dado, "o Ressuscitado".

Entre as mulheres, havia somente uma que teve de sofrer tal como os discípulos, mas de modo muito mais grave ainda. Era Maria, a mãe de Jesus.

João estava fielmente ao lado dela, pois havia prometido a Jesus cuidar de sua mãe. E a João também era dado consolá-la e compreendê-la, pois Jesus havia-lhe mencionado o que a outrem não falara uma palavra sequer: sua dor por causa de Maria que nunca o entendera integralmente, tornando-se cada vez mais a mãe terrena, quanto mais ela temia por ele. Mas ela, justamente ela, nunca deveria ter medo, se verdadeiramente tivesse compreendido e acreditado. Não obstante, ficava presa nos preconceitos de seu povo, dos quais apenas se libertara parcialmente. Isso se tornou seu destino e sua culpa.

A morte do filho e o sofrimento por ele trouxeram-lhe o reconhecimento. Com força brutal caiu sobre ela o peso do caminho por ela mesma escolhido. Agora se sentia como uma estranha, uma sem-pátria no círculo daqueles, aos quais seu filho tinha sido a pátria. Ela reconhecia e sabia que somente poderia ficar junto deles, no círculo dos seus pensamentos e do amor vivo deles, onde a cada hora reconhecia a sementeira de seu filho divino.

Seus sofrimentos e seu reconhecimento sob a cruz, porém, também lhe proporcionaram ajuda, que ainda não pressentia, ainda não podia entender em seu efeito espiritual. João, que aprendia cada vez mais a ver, com os olhos do seu Mestre, o que está atrás dos fenômenos da existência terrena, devido ao seu conhecimento das leis divinas, reconhecia isso, observando Maria com alegria íntima.

Maria Madalena sentia-se atraída a ela com força irresistível. Sempre lhe era dado guiar com amor os que necessitavam de consolo, os que estavam preocupados e em situações aflitivas, mais esses do que aqueles que se julgavam tão seguros de si, trançando geralmente pesados fios do destino com sua insensibilidade.

O Senhor deu a Madalena, como dádiva, a capacidade de, nesses dias de sofrimento, poder ver em si e nos outros, de olhos abertos, as consequências de toda atuação, quer no passado, quer no futuro.

Contudo, ela permanecia como um livro fechado, cuidando que somente fossem oferecidos os frutos de suas experiências vivenciais, com compreensivo cuidado, como auxílio, sem, porém, desvendar o seu conhecimento, pois assim deveria ser.

Muitas vezes ela chegava às proximidades de Maria, conquistando logo a confiança dela. Maria Madalena via com alegria íntima como a Luz se estendia em volta da mãe de Jesus, envolvendo-a num manto auxiliador. E foi também ela que, em conjunto com João, conseguiu devolver à tão oprimida mulher, que sofria tanto psíquica como fisicamente, a autoconfiança. Eles despertaram a consciência do dever e a confiança na alma amedrontada que pensava que o Senhor agora não mais quisesse aceitar os serviços dela. E lentamente Maria recomeçou a viver.

Então, também dela o filho divino se aproximou. Suavemente transmitiu a força de sua Luz viva, passando as mãos como que abençoando sobre os cabelos dela que tinham embranquecido.

— Viste o Senhor, mãe Maria? disse João trêmulo, e Maria murmurou baixinho:

— Sim, meu filho vive e ele está entre nós!

Foi para Maria Madalena como se o Espírito do Senhor a impulsionasse a ficar próxima da mãe dele, para ampará-la. Ela mesma achava consolo e cada vez mais afluxos aumentados de força, bem como ajuda em tudo o que empreendia. No círculo das mulheres, que eram tão suas amigas, ela preparava-se conscientemente para a missão da qual Jesus lhe falara. Tornava-se cada vez mais clara em seu íntimo.

Ela vivenciava todas as aparições do Senhor em espírito, mesmo quando não estava junto com os discípulos. Estes não lhe haviam dado crédito anteriormente, quando ela lhes trouxera a notícia da ressurreição do Senhor, mas logo eles também encontraram Jesus, e lhe contaram isso alegremente. Mas ela sabia que eles nunca compreenderiam integralmente a aparição dele, a espécie de seu corpo ressuscitado.

Assim, novamente estava sentada junto com as mulheres. Enquanto elas tratavam dos afazeres caseiros, ela arrematava com um fio grosseiro um pano para mãe Maria. Pareceu-lhe então, de repente, como se soassem as vozes das mulheres, de muito longe. Sua cabeça inclinou-se para trás, junto à parede de madeira, atrás da mesa onde sentavam. A pequena lamparina a óleo cintilava irregularmente, lançando luz e sombra pelo quarto baixo. Um fogo claro ainda ardia vermelho sob o grande caldeirão do fogão aberto.

Como um suave incenso, porém algo opressivo, o ar pairava sobre Madalena; uma fragrância aromática e refrescante que lhe parecia provir de mundos superiores chegou até ela. A luz trêmula deu lugar a um sereno e claro brilho que tomou conta cada vez mais do espírito de Maria e ela viu uma sala branca e modesta onde ela reconheceu os discípulos de Jesus. Estavam sentados em volta de uma mesa, mas não estavam todos presentes.

Ela ouviu que estavam falando do Senhor, e aconteceu que entre João e Pedro surgiu uma leve névoa que se incandesceu transformando-se logo na figura radiante do Senhor. Os discípulos falavam animadamente, e eles não percebiam nada, até que Jesus os tocou de leve. Finalmente viram-no diante de si, assustando-se.

Mas ele indicou para suas feridas e falou:

"Trago as feridas para vosso melhor reconhecimento e como recordação, pois de outro modo não saberíeis quem eu sou, até que vos desse o pão e o vinho."

E soava a voz tão querida e bem conhecida no recinto. O som penetrou fundo no espírito de todos, como outrora, quando ele lhes dera a ceia de despedida.

"Eu abençoo esse pão que vos ofereço, como ofereci meu corpo – assim como eu mesmo me dou a todos que têm fome do pão celeste. E também abençoo o vinho que se incandescerá na hora em que meu tempo estiver terminado e eu voltar para o Pai na irradiação celeste.

Compreendeis agora o que vos falei com as palavras: 'Eu venho da Luz e voltarei à Luz, quando começar a hora para a renovação da força! Serei levado nas ondas da Luz, de volta para o reino de meu Pai. E se me tirassem o corpo terreno antes, antes que chegasse a hora da efusão, eu teria de esperar até que pudesse novamente ligar-me à irradiação divina – até que o Pai se abrisse para mim!'

Para isso eu vos preparo, pois tereis de vivenciá-lo, vós meus discípulos."

E ele falou para Pedro:

"Apascenta minhas ovelhas!"

E mais uma vez, dirigindo-se a todos, ele continuou:

"A paz seja convosco. Assim como o Pai me enviou, do mesmo modo eu vos envio!"

Ao falar isso, brilhou da figura dele uma Luz igual a um raio branco, e de suas mãos erguidas fluíam radiações por sobre o recinto todo. Em delicadas ondas prosseguiam, e os discípulos sentiam que elas perpassavam suas cabeças e corações, como um hálito de Deus. Silêncio sagrado, paz e bem-aventurança pairavam sobre eles, como um clarão, fortalecendo-os.

"Tomai da força do Espírito Santo!", assim fluía a voz do Filho de Deus através dessas ondas luminosas, e cada palavra assemelhava-se a um grão de semente viva que continuava a desenvolver-se. Raios brancos subiam cada vez mais; não se via mais o forro do recinto diante da Luz que aí brilhava. Como brancos pilares e arcos abobadava-se o infinito sobre o Filho de Deus. Numa distância infinita, parecia como um mar de vidro, alto, branco e cristalino, em cujo centro se via a Pomba Sagrada, o Espírito Santo de Deus, que o Filho prometera aos seus discípulos.

A voz divina penetrou profundamente na alma de Madalena, a força da Palavra viva, realizando-se simultaneamente. Em volta de seu espírito havia a mais pura Luz. Ela olhava num mar de movimento e de brilho, não podendo compreender o atuar e efetivar dessa força. Mas o que fora prometido pela voz divina a ela e aos discípulos, nessa hora, teria que se realizar.

Cada dia trazia-lhes novo vivenciar e progressos nos reconhecimentos. Muitas vezes ainda, Jesus aproximou-se deles, falando-lhes e saciando-os com a força de sua Palavra sagrada. Ele ordenou-lhes que ficassem na cidade de Jerusalém, até que a força viesse das alturas sobre eles.

Aproximava-se o dia da transfiguração.

Maria Madalena já sabia disso com o lúcido saber dado a ela, e viu como os discípulos seguiam o Senhor que tinha ido à frente para Betânia.

Em seu espírito havia um fogo ardente, branco e sagrado, que se transformou em chama viva, de tal maneira que ela o viu relampejando e ofuscando, sentindo-o intuitivamente em sua alma, inquietando cada nervo de seu corpo. E fluía uma força sobre a Terra, como se a Luz derramasse toda a pujança, descendo do céu azul sobre a humanidade pecadora.

Florindo, a natureza projetava-se como que em chamas para o céu, e a dourada luz do sol tremia.

Vozes jubilosas soavam no amplo jardim, nas colinas e sobre os campos. E pela última vez caminhou o Filho de Deus sobre a Terra, à frente de seus discípulos, no meio da paz celeste, da bênção divina transbordante de Luz, do zunir dos insetos, do cantar dos passarinhos e do murmúrio de todos os espíritos esperançosos.

Eles o alcançaram, e ele falou-lhes em seu amor. Então lhe perguntaram a respeito do Reino do Milênio. Mas ele censurou-os.

"Não vos compete saber o tempo e a hora reservada à onipotência do Pai. Recebereis a força de Seu sagrado Espírito e sereis minhas testemunhas em Jerusalém."

Eles estavam em cima de uma elevação, e a figura do Senhor destacava-se brilhante do céu azul claro. Uma Luz branca emoldurou-os e amplo círculo e raios irromperam dele em forma de cruz. Em chamas brancas girava o fluxo de Luz em volta de sua figura, que se tornava cada vez mais nítida e mais translúcida, elevando-se suavemente da Terra.

Uma faixa branca e irradiante de Luz desceu do infinito azul do firmamento, unindo-se à Luz do Filho de Deus em suas ondas vivas provenientes da força primordial de seu Pai e atingindo a Terra renovadoramente. A Luz proveniente da Luz de Deus elevou-o, levando-o de volta à origem, ao âmago de seu Pai.

Os bilhões de faíscas de Luz que vivificavam o cosmo nessa hora ainda envolviam, cintilando como flocos, o espírito da vidente, que pôde covivenciar esse acontecimento divino, adormecendo a seguir profundamente.

E duas figuras de Luz levaram o espírito adormecido da mulher para baixo, de volta ao corpo terreno, dizendo-lhe ao despertar:

"Aguarda o Espírito Santo, que virá como esse Filho de Deus, pelo mesmo caminho!"

Quando chegou a época, brilhou uma Luz branca e pura em redor dos discípulos do Senhor. Alegria vibrava em seu círculo, um amor e uma união que nada de terreno poderia mais turvar. Todos estavam animados com a ideia de que Jesus lhes havia prometido a força do Espírito Santo, e seus espíritos a esperavam.

O ódio dos seres humanos pouco lhes importava; seres humanos que, aos poucos, recomeçavam a perseguir os discípulos do Nazareno. Haviam pensado que, com a morte do profeta, seria posto um fim a esse movimento; haviam esperado que os incômodos galileus, que enganavam o povo, separar-se-iam em desunião, espalhando-se em todas as direções.

Raiva, decepção e medo, porém, apoderaram-se dos fariseus e escribas, quando souberam do Cristo ressuscitado. Espalharam por isso as piores calúnias contra eles, atiçando onde podiam. A pequena comunidade, prestes a se ligar firmemente, foi espreitada malevolamente, a fim de encontrarem algo contra ela, algo que a destruísse.

Os discípulos, contudo, eram quietos, modestos e reservados. O brilho da Luz, porém, que parecia fluir de seus olhos e cabeças, aumentou nesses dias. Quem queria proceder contra eles, em sua proximidade perdia a coragem, a força e a oportunidade. Os próprios discípulos, porém, não atacavam ninguém. A certeza de algo não pronunciado pairava em volta deles. Se alguém os procurava com pedidos de ajuda ou conselho, sempre saía fortalecido e consolado.

Ninguém conseguia penetrar no círculo firme deles, quando juntos. Muitas vezes eram mais de cem pessoas.

Quanto mais a efusão do Espírito Santo se aproximava, tanto mais afluía a força pura para o seu círculo. Também as mulheres frequentemente estavam presentes. Maria, mãe de Jesus, Marta e Maria, irmãs de Lázaro, bem como Maria Madalena. Esta vivia numa grande tensão. Seu olho espiritual novamente havia sido aberto, e ela sentia o aproximar de uma sagrada realização da lei da Criação, que ela ainda não estava compreendendo.

O despertar e o renovar da natureza sempre tinham sido uma festa para ela, e esse fato ela respeitava como uma dádiva divina proporcionada anualmente a todo mundo.

Outrora, ela havia oferecido sacrifícios de agradecimento aos deuses da primavera e havia festejado a festa dos judeus em memória ao êxodo do Egito. Sempre dava à mãe natureza, nessa época, suas mais belas dádivas. Em sua alma estavam a plenitude, a alegria, o júbilo e o ardente agradecimento ao Altíssimo, mas ao mesmo tempo sempre aquela dor de saudade, que nunca conseguia banir, mas também que nunca pôde compreender. Nostalgia!

Ano após ano, desde os dias da infância, até o tempo de seus mais difíceis anos de vida, sempre tinha sido essa época a mais festiva, mas também a mais grave, obrigando-a a um profundo refletir e ansiar. Como que determinado pelo destino, essa época pesava sobre ela durante toda a sua existência terrena. Agora se tornara o momento do renascimento de seu espírito.

Muitas vezes o espírito luminoso de alturas máximas, o qual se tornara seu guia e amigo, trazia-lhe exortações ou mensagens que deveria transmitir aos discípulos.

Assim anunciou-lhe também a hora do dia em que todos deveriam estar reunidos em harmonia. Parecia a Madalena como se seus pés andassem sobre nuvens.

Pairavam no ar fragrâncias suaves e delicadas, e as flores e ervas brilhavam como que refletindo a luz do céu.

Ela dirigiu-se até mãe Maria, levando a ela e a João a mensagem. Alegria e paz estavam com eles.

T‌ODOS se reuniram num belo salão redondo, cedido a eles para as devoções em conjunto, por um amigo de Marcos. As lajotas do piso eram claras, claras e luminosas também as paredes. As mulheres haviam colocado com gosto muitas flores em altos vasos de barro, nos nichos do salão.

O teto se abobadava em uma pequena cúpula redonda, circundado por um raso jardim suspenso. A pequena casa, que estava situada nos fundos de um grande pátio pertencente a um homem rico, era rodeada de um pequeno jardim, no meio de altos muros. Estava totalmente sem uso e quase desconhecida.

Reinava silêncio no pátio e no pequeno jardim, e se podia ouvir as flores caírem dos galhos. Nem o mínimo sopro movimentava a ramagem. O silêncio do meio-dia estendia-se sobre as edificações da geralmente incansável Jerusalém.

Quando todos estavam reunidos, sentados em amplo círculo em volta dos discípulos, veio um som bramante do céu. Como um vendaval ele envolvia a casa. As luzes nas paredes e as flores que enfeitavam o salão movimentavam-se inquietantemente de um lado para outro.

As pessoas reunidas estavam sentadas, em silenciosa expectativa, em profunda devoção de seus espíritos, procurando todas elas o Senhor e adorando Deus.

Forças irradiantes envolviam-nas sensivelmente. Em círculos de Luz que se ampliavam cada vez mais, quanto mais se aproximavam impetuosamente, inclinou-se a vislumbrante Pomba de Luz para a Criação Posterior. Alegremente, os discípulos abriram-se intimamente, e no caminho das divinas correntezas de irradiações veio a força do Espírito Santo sobre eles.

Todo o recinto chamejava numa Luz áurea, em cujo centro mais alto brilhava o círculo branco de irradiações, e nele a vontade de Deus feito forma: a Pomba Sagrada.

E mãe Maria lembrou-se com agradecimento da hora em que Jesus lhe fora anunciado, pois agora ela intuía de novo a força e o amor de Deus como naquela hora sagrada. Ao mesmo tempo levantou-se um flamejante brilhar sobre todas as cabeças, e os seres humanos começaram a louvar o Senhor e a agradecer-lhe! O dom da palavra fluía de suas bocas, e eles falavam em muitas línguas que até aí lhes eram estranhas.

A Luz de Deus entrara neles, iluminando-os e chamando-os. Estavam agora preparados para anunciar a Palavra de seu Deus e Senhor ao mundo.

Voltou o silêncio a essa casa e à pujante amplitude do céu. A Luz vibrante não mais estava presente. As criaturas humanas profundamente abaladas, presenteadas espiritualmente de modo tão rico, estavam de pé em oração, diante de seu Deus e Senhor.

Quando abriram os portões para voltarem às suas casas, uma multidão circundava a edificação que os abrigara. A grandes distâncias haviam escutado a ventania e visto a ofuscante Luz que fluía do céu. As pessoas admiraram-se muito ao verem os discípulos com os olhos brilhantes, transbordando de forças e com o poder da palavra, falando em muitas línguas, louvando em voz alta Jesus Cristo.

Elas meneavam as cabeças, opinando:

"Eles beberam vinho demais."

Então Pedro foi tomado pela força de seu amor e alegria. Ele anunciou-lhes pela primeira vez a Mensagem do Senhor, prometendo-lhes a iluminação pela força do Espírito Santo no batismo. E muitos se abriram à Palavra, seguindo os discípulos.

Maria Madalena encarregou-se das mulheres que procuravam. Ela transformou sua casa em lar de crianças abandonadas, tornando-se mãe e guia delas.

Maria, porém, voltou com João para a residência dele, pois queria recomeçar sua vida no servir a Deus. Assim chegou o tempo em que os discípulos se separaram. A cada um a força do espírito impulsionava para o meio dos povos, para o lugar a eles destinado pelo Senhor, e eles difundiam a Luz de Deus entre os pagãos.

A FORÇA do Espírito Santo elevou Maria Madalena a alturas luminosas. Parecia-lhe que acordara numa luminosa planície de nuvens, para uma nova vida. Em fulgurante correnteza de Luz, comparável à mais pura água em clareza e força, borbulhavam vivos germes de Luz descendo para a matéria, que ela no voo ascendente havia deixado muito longe atrás de si, enquanto ainda continuava a se esforçar para cima, adiantando-se, sem parar na beira da correnteza viva, degrau por degrau cada vez mais alto.

Ofuscantes eram os terraços, como que feitos de vidro luminoso. Neles ela colocou seu pé. Saindo dos grupos de plantas maravilhosas, que brilhavam em cores paradisíacas, dos passeios orlados de altas e troncudas árvores que pareciam formar arcos de folhagem de Luz e ouro, vieram luminosas figuras ao encontro dela, guiando-a.

Ela mesma não era mais Madalena; e sim se tornou uma chama de forte brilho azul-branco e sereno, e em sua volta pairava um outro nome, um nome inscrito no livro de ouro. Tinha a impressão de ser uma criança, livre, sem o pesadume da Terra, sem o pecado que puxava para baixo a humanidade em seus círculos de efeitos recíprocos.

Correntes caíram dela. Nela ardiam a força do Espírito Santo, a jubilosa libertação de todo o pecado hereditário e a pureza do renascimento espiritual.

Ela sentiu um toque de mão em seu braço e, seguindo a leve pressão desta, caminhou. Ela não sabia quem ia ao seu lado, nem queria investigar isso; estava preenchida de bem-aventurança. Ela continuava a subir; nisso estava todo o seu ansiar; ela subia em adoração e agradecimento, com o saber do amor de Jesus e da efusão do Espírito Santo.

Então ela percebeu que esta Criação somente terminava onde ela havia imaginado já encontrar Deus, e que ela mesma até agora havia percorrido um reino de matéria mais densa, uma cópia daquilo que seu sentimento intuitivo, admirado e jubilante, reconhecia aqui como Criação primordial. E então lhe veio a recordação de já ter conhecido toda essa maravilha e tê-la esquecido apenas como num longo sonho.

Cada vez maiores, cada vez mais amplos e cada vez mais luminosos tornavam-se os círculos pelos quais ela subia; por fim ela viu-se entre flores, envolta por chamas da espécie dela.

Aproximavam-se dela gigantes de Luz branca, masculinos e femininos, com movimentos vigorosos e belos. A expressão deles dava logo a entender toda a sua espécie na forma a mais perfeita. Também o que queriam dizer, o que expressava sua vontade, tudo se reconhecia imediatamente, de modo vivo, como algo evidente.

Assim ela sabia que eles a convidavam a transpor, juntos, o alto portal, do qual fluíam correntezas áureas, transbordantes de vida. Não falavam, contudo ela conhecia a sua vontade, sua opinião. E assim sabia que somente ela mesma podia seguir até lá, porque recebera pelo Filho de Deus a viva centelha espiritual dessa esfera.

Ela viu um enorme salão. Imensuravelmente amplo era esse salão; colunas luminosas sustentavam os arcos de enormes cúpulas. Maravilhosamente fluía Luz transparente, em largas correntezas, do lugar mais alto, o qual ela apenas lentamente conseguia divisar de longe, e do qual ela se aproximava constantemente. Degraus levavam para cima até uma mesa branca. Atrás dela estava erigido um trono luminoso, de ouro. De modo estranho e surpreso, contudo alegre como se chegasse na pátria, sentia-se ela em seu espírito.

"Eu sou, desde a eternidade, o início e o fim!"

Assim sussurrava, soava e bramia na flutuante Luz em sua volta.

O que era isso? Era a voz do Filho divino que ela escutara bem-aventuradamente tantas vezes? Era a voz de outro, de um personagem elevado, de um príncipe, que soara parecido ao seu espírito. Onde tinha sido isso?

Recordações longínquas de peregrinações terrenas e caminhadas no Universo surgiam, perpassando o vibrar de seu espírito como um hálito. Como uma longínqua vivência de sonho, surgiu o Egito diante dela, a luz áurea de um templo, o rosto de uma criança angélica. Órbitas estelares e fluxos cósmicos separaram-na logo, porém, dessa visão. Ela olhou de novo para o céu:

"Ajuda-me, Senhor, para que eu me lembre", foi o que disse seu espírito, "se assim for de Tua vontade!"

"Eu sou a vontade de Deus!", soou de cima. "Eu espalho as minhas sementes na matéria. A ti, chama de espírito, dei a força para a ascensão. Utiliza-a para que anuncies a grandeza da magnificência de Deus!"

E ela aproximou-se com passos leves, cada vez mais rápidos, como que voando, do trono daquela Cruz chamejante de Luz que emitia seus feixes de radiações. Ao seu lado brilhavam uma rosa e uma flor de lírio.

Mas ainda não era o fim da magnificência que lhe foi permitido ver. Novamente chegaram a ela sussurrando, palavras vibrantes:

"Esfera espírito-primordial, limite máximo para o espírito humano, abre-te!"

Essas palavras vinham da corrente da viva Cruz de Luz, cuja forma se condensava na imagem primordial humana. Sagrado mistério da Luz envolvia a chama, à qual, por imensurável amor, foi concedida a centelha espírito-primordial, e ela compreendeu o querer da vontade primordial em seu eterno circular.

"Para o cumprimento de tua missão, espírito humano, peregrina e vivencia o que te é destinado desde os primórdios. Vê o circular da força viva e a esfera divina."

Círculos de radiações formavam uma taça, pela qual descia a força. Figuras luminosas, iguais a anjos, guardavam-na, circundando a coluna da força, através da qual subia e descia o divinal.

Aí estava a Pomba Sagrada! Ela descia, pairando no círculo dos anciãos eternos. Aí estava também a Luz do Filho de Deus, Jesus, subindo cada vez mais alto, mais distante, unindo-se por fim no mar de claridade que se estendia, alargando-se e aprofundando-se.

Sem início, sem fim, circulava a Luz, mais luminosa, mais poderosa do que um sol.

"Eu e o Pai somos uno!", soou a voz de Jesus acima do espírito humano.

Depois ecoou, igual a um trovão, uma poderosa voz no Universo:

"Vê Minha vontade, a qual enviarei como Juiz sobre os justos e os injustos. Ele se chama *Imanuel!*"

Envolto em chamas brancas saiu ele da fonte de Luz, ofuscante como um raio, afiado como uma espada, poderoso como um anjo de ira, e sobre sua cabeça as asas da Pomba Sagrada.

Ele desceu através do Santo Graal. O cantar da Luz soava nos jardins de Deus como um hino de júbilo. Diante dele estendia-se Luz rósea. Do seu lado direito saiu uma rosa; aos pés dele florescia a flor do lírio, e ele mesmo parecia um rei.

Os cavalheiros e mulheres, os espíritos bem-aventurados proferiam jubilosamente uma palavra. Era o nome:

"PARSIVAL".

Véus rosados e luminosos fluíam sobre o Supremo Templo radiante.

Descendo, o agraciado espírito humano iniciou sua volta à matéria, cheio de gratidão. Como um sonho ficou a recordação.

Isso aconteceu à mulher terrena Madalena.

P<small>ASSARAM-SE</small> dias, até que Maria Madalena novamente encontrasse a si mesma na Terra, pois a força do Espírito Santo havia atuado tão fortemente no círculo dos discípulos, que os elevou diretamente para esferas superiores. Maria e Marta ficaram cuidando dela nesses dias, e Bethsabé não saía de perto do corpo de sua senhora, que estava estendida como morta nas almofadas, inerte, gelada e transformada. Ela não entendia o que acontecera a Madalena, mas as bondosas mulheres, que a tratavam como irmãs, guiavam Bethsabé, proporcionando-lhe força, paz e confiança.

Quando Maria Madalena acordou, não conseguiu erguer a cabeça. Depois de uma alimentação leve, porém nutritiva, e um banho refrescante, ela pôde levantar-se; a sensação de grande força perpassava-a e ela queria aproveitá-la para atuar.

O espírito impulsionou-a para os pobres e excluídos, para as mulheres desprezadas. Seu caminho era duro, mas ela seguia-o sabendo que o Senhor a enviara.

Ela transformou sua casa em asilo para abandonados. Mulheres boas e hábeis do círculo de suas amizades ajudavam-na. Mas logo que sobrava uma pequena pausa para descanso e fortalecimento, Madalena visitava mãe Maria.

Assim passou-se um longo tempo. Madalena não mais viu o Senhor. Ela agora estava dentro de suas atividades terrenas, e nisso recebia a cada momento forte ajuda espiritual, quando dela precisava. As mulheres sentiam-se fortemente atraídas para ela, principalmente as moças. A própria Madalena não sabia como era intensa a força de atração que lhe afluía de cima.

Cada vez mais ela sentia-se ligada ao ente angélico, que uma vez havia-lhe aparecido na figura de uma moça com um manto verde-claro, enfeitado com lírios. Ela escutara o nome: era Irmingard, a flor pura do lírio! Esta enviava sua força orientadora para a mediadora na Terra, a fim de que as mulheres terrenas encontrassem um firme apoio, se o quisessem. E todos aqueles que se haviam aberto à Palavra de Jesus, seguindo os discípulos, também encontravam auxílio ao reconhecerem a verdadeira pureza, recebendo para isso a força de Irmingard.

Muitas mulheres nobres e de casas ricas aproximavam-se, atraídas pela doutrina do Filho de Deus, anunciada publicamente por seus discípulos.

Deixavam-se batizar, colocando a si próprias e os seus bens a serviço de Cristo.

Quanto mais, porém, o número de adeptos aumentava, tanto mais também a serpente novamente começava a levantar a cabeça. Principalmente aumentava o ódio dos judeus que tremendamente sofriam sob os efeitos de sua ação contra Jesus.

A situação das pessoas no reino judaico era grave, desde que Jesus havia deixado a Terra. Sobre muitos se colocou um punho escuro, oprimindo-os com pertinaz inexorabilidade.

Tanto mais, porém, borbulhava e fervia impetuosamente dentro de seus espíritos. Começaram a perseguir os cristãos, de início às escondidas e depois publicamente.

Então aconteceu que à noite, um claro feixe de Luz iluminou o aposento de Madalena. Era como um raio branco, mas nenhum trovão e nenhuma ventania se seguiram. Pelo contrário, sobre ela pairava uma calma, uma clareza e uma bem-aventurança, como há muito não vivenciara, desde que Jesus os havia deixado.

Ela estava completamente acordada, e a Luz branca ainda perdurou um pouco, de modo que ela via tudo claramente iluminado, escutando a seguir uma voz vinda de muito longe, de alturas supremas, soando como uma trombeta:

"Vai de madrugada até a sepultura de teu Senhor e aguarda. Uma coisa ainda tens a fazer nesta cidade escura, depois vai embora e procura mãe Maria, pois está na hora, na última hora para isso. Não deves voltar a Jerusalém, quando tiveres cumprido tua incumbência. Deixa tua obra a teus servos, os quais a administram bem, e entrega-te à orientação de teu espírito. Não saberás onde repousarás à noite. Deverás seguir a Palavra de teu Senhor, tocando as ovelhas dele aos seus cercados.

Lembra-te sempre de que estás caminhando sob a força do Senhor e age de acordo. Mas faze primeiramente o que te foi dito e depois vai até Maria."

Madalena levantou-se, preparou-se para a caminhada e tratou do mais necessário. Ela deu também algumas ordens para o tempo inicial de sua ausência. Depois saiu.

R<small>APIDAMENTE</small> ela atravessou o jardim e o portão que ainda estavam na escuridão, e correu para fora. Ela tomou ruelas silenciosas, pois nas ruas havia muito movimento também de madrugada. Já estavam soando confusamente as muitas vozes regateando; diferentes línguas zuniam iguais a enxames de abelhas sobre as praças. Tropeiros de jumentos e camelos carregados entravam pelos portões, com seus gritos singulares.

Madalena respirou fundo quando alcançou o caminho da colina pelo qual ela, nos dias mais graves, tantas vezes havia seguido até a sepultura de seu Senhor. Ali haviam-no sepultado, mas seu corpo já havia sido retirado, quando o espírito dele lhe aparecera.

Repentinamente, Madalena teve o ardente desejo de examinar o lugar que realmente estava guardando o corpo do Senhor. Assim ela seguiu mais rapidamente seu caminho estreito, e logo se encontrou na sepultura. Esta estava modificada. Flores enfeitavam-na; na grande pedra haviam gravado uma sentença em sua memória, os bancos e os gradis em volta indicavam que muitos curiosos haviam-se acomodado nesse lugar de paz. Não mais era a sepultura do seu Senhor.

Para o espírito que via mais profundamente, não era mais nenhum lugar sagrado, e Madalena pressentiu vagamente, como ele se transformaria em local de culto e de ganância no futuro. De repente, ela sabia por que não estava na vontade do Pai que o receptáculo que acolhera Seu Filho caísse nas mãos da posteridade.

O que havia parecido a ela incompreensível, imperscrutável e terrível – o fato de ter sido retirado o corpo de Jesus – pareceu-lhe agora apenas consolador, como o certo, desejado por Deus, como a única coisa possível, e ela estava contente com isso. Ela não conseguiu mais orar nesse local, e prosseguiu pelo caminho que desviava para a esquerda, para um declive coberto de densa vegetação.

Uma trilha estreita, recentemente aberta, guiou-a. Uma folhagem cinza-esverdeada envolvia-a, e as plantas abobadavam-se como verdes cúpulas acima de sua cabeça, tão baixo, que ela teve de inclinar-se. Assim ela chegou a meia altura da colina que se ligava ao monte do calvário. Um agrupamento de rochas acolheu Madalena, e aí ela viu diante de si uma caverna, sobre cujo arco, à direita, estavam cinzeladas três cruzes.

Ela entrou nessa caverna que parecia estar sendo usada pelos pastores como abrigo contra intempéries. Bem estreita era a passagem que se apresentava do lado direito e que indicava para baixo; não obstante, uma pessoa podia passar apertadamente.

Com determinação, admirando-se de si própria – pois ela presumia apenas como que sonhando o motivo de seu fervoroso perscrutar – ela teve a coragem de introduzir-se pela estreita abertura, encontrando o que havia esperado: um corredor estreito e baixo.

Como o reflexo de um espelho, ela divisou diante de si as figuras de José de Arimateia e de João, carregando o corpo do Senhor, envolvido em panos.

Madalena sabia que esses quadros, nítidos como um espelho, coloridos, andando como vivos a sua frente deviam dar-lhe o conhecimento sobre o local de abrigo do invólucro terreno do Filho de Deus. Um temor sagrado e respeitoso tomou conta dela, e a dor que havia revolvido sua alma, quando da morte do Senhor, manifestou-se novamente. Parecia-lhe andar de fato silenciosamente, abaixada, passo a passo, juntamente com esses dois fiéis, pelo escuro e estreito corredor, para proteger e guardar o querido corpo do Salvador, de acordo com a ordem da Luz.

Ela vivenciou o momento em que o estreito corredor se alargou e uma pequena caverna acolheu os homens que deitaram o corpo de Jesus num banco de pedra, untando-o conforme a prescrição e envolvendo-o em panos brancos. Uma pequena abertura permitiu-lhe olhar da caverna para baixo, para a paisagem ampla de cor cinza-esverdeada, coberta de névoa, dormitando ainda na penumbra da madrugada.

José de Arimateia, com as próprias mãos, fechou essa abertura com um grande bloco de rocha que se ajustou nela engenhosa e naturalmente. Cada fenda foi vedada cuidadosamente com barro e galhos secos, formando-se assim um muro hermeticamente fechado. Nesse jazigo, onde ambos os discípulos haviam trabalhado diligentemente às escondidas, durante duas noites, repousava o corpo do Senhor. A cabeça estava circundada por radiações de Luz branca.

Ao voltar à consciência, Madalena estava no fim de um pequeno corredor, abaixada, como também caminhara, comprimindo seu rosto contra o muro frio e úmido de um natural conjunto de rochas. Era áspero ao tato, barrento e algo úmido, de cor marrom--cinzenta, opaco e arenoso. Ela não pôde prosseguir, sabia que essa era a entrada para o nicho em que os discípulos haviam sepultado o Senhor.

Uma Luz branca, a mesma que lhe dera a ordem, de noite, para ir até a sepultura, chamejava em sua volta, e parecia-lhe que essa Luz atravessava com seu brilho o muro grosso diante dela.

Ela viu os panos brancos que envolviam o que restava do corpo do Senhor, e viu o crânio dele de forma nobre e maravilhosa, principalmente a testa e a curvatura simétrica da cabeça.

Na fileira dos dentes bem brancos, de cima, faltava um dente canino. Esse pequeno ponto escuro gravou-se profundamente em sua memória, como um sinal especial. Rapidamente, como viera, a Luz desapareceu, e igualmente a imagem que ela lhe havia proporcionado. Um quadro para o futuro, assim lhe parecia.

Madalena não pôde ir adiante, voltando-se. Regressando em silenciosa e íntima oração, seguiu o caminho pelo qual viera, procurando a trilha mais curta em direção à morada de mãe Maria.

MARIA estava morando na casa de João, situada à beira do mar da Galileia. Ela mal era reconhecível. Todo o antigo havia caído dela, desde que a força do Espírito Santo lhe havia afluído no momento em que ela se abrira à Luz, convictamente.

Seu rosto brilhava; os traços amargurados e duros descontraíram-se. Calma e brandura fizeram-se ver em seu rosto, amor e vivacidade enchiam seu modo de ser. João alegrava-se. Animada e ativa corria ela pela casa, sabendo guiar de maneira eficiente os companheiros, bem como os empregados.

Contudo, João estava preocupado com o fato de que o corpo, enfraquecido por muitos sofrimentos de alma, não pudesse suportar por muito mais tempo os esforços.

O espírito de Maria impulsionava-a a recuperar o que havia perdido. Com alegria que encerrava algo de sobrenatural ela trabalhava no resgate de suas culpas. Luz envolvia-a. Guias elevados e luminosos aproximavam-se dela, suprindo-a sempre de novo com forças e uma alegria que acendiam um brilho sobrenatural em seu rosto e em seus olhos.

Parecia uma luz pura que se consome, ao tornar-se a chama cada vez mais alta. Seu constante rogar era:

"Pai do Céu, concede-me uma vez mais um serviço! Prolonga-me ainda esta vida!"

Assim Madalena encontrou-a.

Era da mesma opinião que João:

"Maria terá logo completado seu caminho."

Não pairava, então, em volta dela uma Luz que não podia ser desta Terra, a pura Luz de irradiações róseas, como a força da pureza as emanou ao se mostrar a Madalena? Não flutuava o odor de lírios sobre nuvens levemente onduladas, tão nitidamente, que Maria levantou a cabeça, cansada, das almofadas, escutando naquela direção, como que respirando fundo aliviada?

Um delicado sorriso cobriu depois os traços de seu rosto, como se um outro rosto estranho, mais puro ainda, passasse por cima, soprando-a com o hálito de sua centelha celeste.

Todos se preocupavam em tornar-lhe seus últimos dias na Terra ricos e belos. Ela estava envolta por amor, que era sentido como se irradiasse através das paredes de seu quarto, pois ela não deveria estar muito em contato com as pessoas. Estendeu-se uma vibração no recinto, fazendo com que os outros, automaticamente, se aproximassem em silêncio, nas pontas dos pés, permanecendo a certa distância. O espírito da mãe de Jesus foi desligado do corpo terreno com tal amor, que somente podia fluir do amor de Deus.

Espíritos auxiliadores desceram, de degrau em degrau, lentamente; suas irradiações preparavam o ambiente terreno, tornando o invólucro cada vez mais delicado.

Madalena ficou ao lado do leito de Maria. Foi-lhe permitido covivenciar a libertação dela, como também havia vivenciado as culpas, os sofrimentos e as lutas de Maria.

Fluxos divinos, tão claros como estes, não mais os haviam envolvido desde a aproximação do Espírito Santo naquela oportunidade. Enquanto que o acontecimento daquela vez sobrepujara os espíritos com o poder de uma ventania e força, dessa vez, no falecimento de Maria, era como se um delicado e fortificante sopro de primavera também os tocasse de leve com a sua bênção. Paz de Deus e sagrado silêncio sobre a Terra e sobre o espírito humano.

Mas isso só podia ser pressentido por espíritos agraciados, capazes de colocar-se integralmente na Luz do Senhor. Para esses, tornou-se realidade. A alegria interior e a paz irradiavam de Maria cada vez mais. Formou-se uma ligação clara e branca, que se estendia ansiosamente de seu corpo para cima, enquanto a radiação colorida em volta de sua figura deitada tornava-se cada vez mais branca.

"Logo, quando passar totalmente para um brilho branco, o espírito dela vos deixará." Assim sentia Madalena.

Velas estavam acesas no recinto claro; a luz de suas chamas em movimento confundia-se com a irradiação do espírito que se desvanecia. De cima veio uma figura luminosa, poucas horas antes da morte de Maria.

Era o vulto de uma mulher que apareceu e inclinou sobre ela as delicadas pontas dos dedos brancos. Desceu da Luz para erguer Maria. Vozes soavam, vozes angélicas cheias de calor e brilho jubilavam.

Maria sorria. Seus olhos tomaram expressão, como se divisassem encantados o mundo luminoso do espírito. Ela caminhava para cima. A força de Irmingard andava à sua frente, e nas irradiações dela seu espírito subiu para os páramos da paz eterna, nos quais procurava o reino do Filho.

Uma sombra passou pelos olhos dela; a seguir tornaram-se imóveis. João inclinou-se sobre ela, fechando-os com dedos delicados.

Não soou nenhuma lamentação na sala, apenas um fervoroso rogo, que subiu qual um ardente agradecimento, acompanhando o espírito liberto da mãe de Jesus.

E o tempo passava para Madalena. Depois de semanas ela ainda uma vez pôde ver aquela que ascendera em espírito, mais clara, mais radiante. De um véu branco, que envolvia a cabeça, fluíam finas irradiações áureas iguais a fios, manifestando-se como um sopro fresco. Maria disse:

"Fui levada para cima devido ao meu anseio e rogo por um servir. O amor fiel, severo e inflexível de João, muito me ajudou.

O portal do reino de Paz retumbou ao abrir-se. No fluxo de irradiações áureas, enviadas pela Flor do Lírio, em pureza cristalina, subi cada vez mais alto.

Sei que todos os meus sofrimentos foram degraus que me fizeram amadurecer, a fim de estar na Terra junto do Salvador o que também cumpri na primeira parte da juventude dele.

Mas não renunciei a mim mesma. Um resto do antigo ficou. Não obstante, foi-me permitido continuar a progredir no reconhecer, quando o sofrimento novamente me abriu à Luz.

Só uma pequena coisa ainda me resta a remir. Mas também é dado a mim um quadro do futuro: o atuar errado dos espíritos humanos poderá deter-me. Com a sua vontade, eles se agarram a mim firmemente com falsa adoração.

Mas já estou protegida de tais consequências más. Lírios e rosas florescem na Luz áurea. Acima disso, estende-se a brilhante Luz azul. Eu vejo distante, em alturas máximas, os deslumbrantes muros de um castelo de ouro. Os espíritos primordiais envolveram-me num manto. Assim estou protegida e espero, espero até chegar a última hora da minha remição, pois a voz de Deus anunciou-me através de Sua vontade, no Santo Graal:

'Maria de Nazaré poderá remir, servindo novamente'."

E, pouco depois, Madalena conseguiu ver mais uma vez Maria, que se lhe tornara querida.

Maria, o espírito humano transfigurado, elevado acima de sua espécie, estava solitária, envolta por Luz, num jardim de flores puras, formadas pela vontade de beleza dos primordialmente criados.

Maria disse:

"Foi-me permitido deixar o mundo dos sofrimentos, meu filho chamou-me. Luz envolve meu espírito.

No alto, a uma distância imensurável, brilha a asa vibrante do Espírito Santo de Deus. Não vejo Jesus, mas a força do seu amor desce e me perflui. E uma voz de cima clama para mim:

'Ó âncora de força para os pensamentos da humanidade, desenvolve-te!'

Ainda não sei o que tais palavras significam, mas eu sinto nova vida pulsar através de mim.

Madalena, guia e conduze os que almejam a pureza!"

Essas foram as comunicações que Madalena ainda recebeu espiritualmente por intermédio de Maria, mãe de Jesus. Depois, a evolução dos acontecimentos levou-a às atividades terrenas, pois o espírito impulsionava-a, como lhe fora prometido.

Como já muitas vezes, Madalena de novo caminhava solitariamente pela grossa camada de poeira dos caminhos, sob a luz clara e ofuscante do sol.

Ela evitava os caminhos e as estradas largas dos romanos, onde encontraria muita gente. De manhã ela começava sua caminhada, descansando na hora em que o sol estava alto, se para isso surgisse uma oportunidade. Tornara-se modesta, não carregava muito consigo, indo a casas de pessoas que de bom grado a acolhiam.

Madalena tornara-se livre, nada de terrenal a preocupava. Longe estava o tempo em que ela ainda tinha de se preocupar com alguma posse. No espírito dela somente viviam a vontade dirigida à Luz, o amor por Jesus e a elevada missão de transmitir a Palavra dele aos seres humanos.

A coluna de Luz que lhe ordenara os seus últimos caminhos parecia ofuscante e chamejante sobre seu olho direito, querendo logo lhe falar novamente; era o que Madalena sentia. Ela andava à sua frente, e Madalena seguia-a confiantemente, pois lembrava-se daquilo que lhe fora dito:

"Deves seguir o espírito, sem saber onde repousarás à noite!"

Como uma criança que segue a direção do pai, assim ela deixou-se guiar por essa radiação, não obstante permanecer terrenalmente vigilante e vigorosa, pois a situação tornara-se cada vez mais perigosa, cada vez mais inquieta nesses tempos.

Os discípulos de Jesus, que difundiam a doutrina do Filho de Deus nas regiões adjacentes, aumentavam rapidamente em número. Batizavam com a força do Espírito Santo e realizavam muitas ações de auxílio, convencendo os seres humanos do poder e da força de seu Deus. Os fiéis aumentavam muito, e o ódio dos judeus tornou-se, assim, cada vez maior. E já estavam colocando armadilhas nas escolas e nos templos onde os discípulos pregavam a Palavra e a vida do Senhor à multidão calada e fascinada.

Colocavam armadilhas com perguntas, leis e acusações, preparando ciladas de todo tipo. Mas também começavam a incitar o povo, afirmando depois que teriam sido os cristãos os causadores das agitações. Conscientemente espalhavam dúvidas e descrenças entre os seres humanos, procedendo com grande ódio, onde quer que pudessem fazê-lo.

Já haviam sacrificado alguns, e Estêvão já tinha sido apedrejado mortalmente pela multidão enfurecida. As trevas estendiam-se de modo abafadiço e ameaçador sobre os espíritos que assim atuavam, instigando as espécies iguais a um comportamento análogo.

Ao entrar nas pequenas vilas e povoados, Madalena logo sentia, através da pressão que dela se aproximava, se ela deveria evitar esse lugar ou se ali poderia ficar. Muitas vezes, mesmo quando já estava cansada, mudava de rumo, a fim de contornar o povoado.

E, no entanto, parecia-lhe como se tivesse de passar por uma prova de fogo. Como uma pressão, ela sentia que numa determinada estrada encontraria a comitiva de um romano.

Já de longe ela viu uma nuvem de poeira na grande estrada que levava de Jerusalém a Damasco. Armas reluzentes refletiam ao sol. Reconhecia-se que a maioria era constituída de cavaleiros.

Um pressentimento mau, pavoroso e angustiante passou pelo coração da mulher, que saía de uma pequena trilha, obrigada a atravessar a grande estrada principal. De bom grado ela teria aguardado, escondida, ou entrado numa cabana, mas não havia oportunidade para isso. Até onde sua vista alcançava, só havia salgueiros baixos, tostados pelo sol; nenhum arbusto, nenhuma elevação, nenhuma vegetação maior que pudesse lhe oferecer algum esconderijo.

Madalena não conhecia medo, mas ela sentia como se uma advertência despertasse nela. Contudo, prosseguia andando, aproximando-se cada vez mais do agrupamento de soldados, cujo tropel agora já escutava. Deveriam encontrar-se no cruzamento. Madalena cobriu-se automaticamente com sua mantilha, como que temendo que o brilho áureo de seus cabelos pudesse atrair a atenção dos cavaleiros. O bastão por ela usado tremeu de leve em sua mão ao bater numa pedra. Então a chama bramiu, nitidamente perceptível:

"Maria Madalena, ouve: o que vier terá de acontecer! Não tenhas medo, pois eu quero despertar, por teu intermédio, um ser humano que terá de tornar-se um archote para os pagãos. Não tenhas medo, teu caminho está preparado. Se pedras ásperas te machucarem, ensanguentando-te, coloca o pé sobre seus bordos mais cortantes e não cedas. Lembra-te de que és minha e não te pertences!"

E sua figura alta aprumou-se. Com passos firmes ela caminhou para a estrada. O primeiro dos romanos já a percebera. Era um fariseu, mas portava armas como um militar e tinha a aparência de um artista. Grande e poderoso, com olhos ardentes, selvagens, contudo distinto e orgulhoso, estava montado em seu cavalo. Agora ele erguia a mão para uma saudação.

— É raro ver uma mulher caminhando sozinha. Acho que podeis errar o caminho, bela cristã. Seria melhor se cuidássemos de vós.

Soou cortesmente, contudo percebia-se no tom de sua voz um fundo de escárnio, que antigamente teria indignado Madalena.

— Nem todas as mulheres necessitam de proteção masculina, uma vez que em idade avançada têm de tornar-se autônomas. Eu agradeço; minha proteção e escolta são maiores e mais poderosas do que os exércitos do imperador. Dá-me passagem, romano, e deixa-me em paz.

Enrubesceram-se as faces do romano. Seu orgulho rebelou-se contra a fria recusa dessa cristã. Irritava-o. Ele não sabia por quê, mas uma indominável raiva enchia sua alma violenta quando percebia a serena força dessa doutrina. Não era, então, como se estivessem mergulhados em Luz, a qual nem poder terreno, nem ódio, nem inveja, nem escárnio, nem força alguma eram capazes de atravessar? Quantas vezes já se dera com ele assim! Quantas vezes não o sobrepujara uma sensação de fraqueza, quando no fervor de sua crença dava largas a sua fúria! E essa fraqueza, ligada ao poder terreno à sua disposição por intermédio de Roma, causava o irrompimento de todas as violências contra os corajosos confessos daquele odiado Jesus, a quem denominavam o rei dos judeus, o ressuscitado Filho de Deus.

Toda a erudição, todos os conhecimentos das leis dos fariseus, todo o saber do romano, o qual tinha sido filósofo, rebelavam-se contra aquela grandeza singela desses modestos pescadores que se denominavam apóstolos, divulgando fantasias e deixando feitos, de modo silencioso e simples, onde outros eram incapazes.

Uma luta, uma discrepância tormentosa havia despertado em Saulo, havia meses, e quanto mais essa se demorava, tanto mais duros se tornavam os sofrimentos que atingiam os discípulos e adeptos de Jesus, pois seu ódio e sua vontade de destruição aumentavam dia a dia.

No entanto quanto mais ele dava largas a sua fúria, tanto maiores, mais puros e mais singelos surgiam aqueles cristãos martirizados diante do seu espírito. Como que por escárnio, seu grande intelecto, que abrangia o mundo, tornou-se consciente de como era ridículo o decadente poder dos judeus, o domínio romano e a presunção dos fariseus.

Saulo estava sofrendo. Sofria tormentos desmedidos, até chegar ao reconhecimento de que o poder do intelecto, do prestígio, do dinheiro não encerrava valores diante do poder daquele espírito, que preenchia os odiosos cristãos! Ao sentir esse reconhecer surgir nele, como uma sombra, ele combatia-o com a desesperada presunção de Roma e dos fariseus. Saulo estava sofrendo, e quanto mais sofria, tanto mais os cristãos tinham de sofrer por causa dele.

E nesse momento entrou uma mulher no caminho dele. No meio da estrada para Damasco, onde ele queria assentar o grande golpe contra os cristãos. E ela apresentou-se com a dignidade de mulher e com a força do homem, com o orgulho e a firmeza de um superior. Ela havia falado apenas poucas palavras sem importância, mas elas caíram como o golpe de clava de um gigante sobre o homem inflexível.

Surpreso e enraivecido, ele estendeu o braço com as palavras:

"Agarrem-na! Ela terá de acompanhar-nos a Damasco, para que a essa solitária rebelde não aconteça um mal, até que a juntemos aos irmãos, que aguardam nosso julgamento."

Os soldados circundaram Madalena em calada obediência, como uma firme muralha.

Alguns homens de destaque juntaram-se a Saulo, cavalgando à frente. Ergueram Madalena em cima de um cavalo, conduzindo-a cortesmente.

Ela estava muito temerosa. Ficou quieta, mas em sua vontade cheia de fé preparou-se uma prece que abriu caminhos, rogando em ardente respeito e confiança para que luminosas, radiantes e poderosas correntezas descessem ao romano Saulo.

A tropa chegou troteando a regiões mais férteis que anunciavam estarem se aproximando das redondezas de Damasco.

Um anoitecer ameno sobreveio, porém cedendo rapidamente ao ar frio da noite. Tornou-se nebuloso; as primeiras pancadas de chuvas hibernais desse ano começavam, criando um contraste amargo com as ensolaradas horas do meio-dia. Todos esperavam com alegria por um albergue. Sentindo frio, estavam sentados em seus cavalos, manifestando-se o cansaço. Apenas Saulo, circundado por seus acompanhantes, não dava atenção a nenhuma fraqueza. Ele era tenaz em sua vontade, sentia-se impulsionado a prosseguir sem parar, não dando atenção a nenhum cansaço.

Ele era um legítimo hebreu, que seguia até o fim, com persistência inflexível e férrea tenacidade, o alvo escolhido. Havia adquirido ricos conhecimentos com diligência e ambição, e uma poderosa chama ardia em seu íntimo: o verdadeiro anseio por Deus.

Aparentemente, ainda estava satisfeito com a sabedoria dos fariseus, de cujas escolas ele saíra; ainda se vangloriava da erudição das doutrinas gregas que havia estudado. Possuía um intelecto desenvolvido, que tinha de perscrutar profundamente tudo o que começava, e também em seu espírito jazia uma legítima religiosidade.

Sua educação, porém, e o modo de se comportar, ele devia à influência romana, que se aproximava muito ao seu anseio de cultura e saber. Por isso seus amigos chamavam-no "Saulo, o romano"; os judeus com leve traço de ironia e amargura, os outros, porém, com respeito.

Ele era querido e temido, pois era severo e inexoravelmente justo. A fala dele era verdadeira e singela, mas sempre oportuna. A censura dele era cortante como o gume de uma faca. Possuía uma infalível visão que reconhecia tudo o que era bom, legítimo e puro, e odiava hipocrisia e bajulação. Por isso os soldados veneravam-no como um pai. Mas os fracalhões e bajuladores odiavam-no mortalmente, procurando difamá-lo.

Ele atingia com segurança os pontos nevrálgicos, fazendo vir à tona tudo o que era mau, não permitindo em parte alguma um lamaçal escondido. Teimosamente atacava tudo o que provocava algo de confuso, que trazia inquietação, e que ele não considerava correto.

Com essa teimosia e com um preconcebido e presunçoso saber, ele havia se aferrado também na luta contra os cristãos. Agora sua fanática vontade de destruir delirava, e ele havia decidido assentar um golpe pesado em Damasco. Com impaciência seguia para lá.

E então essa mulher o enfrentara num cruzamento da estrada – como havia dito ela?

"Minha proteção e escolta são maiores e mais poderosas do que os exércitos do imperador!"

Desde esse pronunciamento, ele respeitava essa mulher. De onde vinha para ela tal força, de onde a serenidade e de onde aquele poder, que ele não gostava de reconhecer, não obstante o sentisse? Do Deus dela?

Nunca Saulo esteve tão distraído, tão embaraçado, e tão fechado perante seus companheiros. Calados cavalgavam ao seu lado. O cavalo de Saulo estava inquieto; sentia certamente a inquietação e tensão do cavaleiro. Maria Madalena, porém, tornara-se calma; nenhuma preocupação oprimia o seu espírito. Ela via sobre si a clara chama guiadora, sabendo que não estava abandonada.

Sobre a cabeça de Saulo, porém, concentrava-se uma força que a ela parecia como uma espada em brasa. Ela viu que esse homem estava na encruzilhada de seu destino, como ela mesma estivera naquela vez, quando ouvira a voz de João. De bom grado ela teria dito a ele uma palavra auxiliadora. Mas era uma prisioneira, e ele aparentemente nem dava atenção a ela.

Quando caiu a noite, eles alcançaram uma pequena fortaleza à beira da estrada. Ali o agrupamento parou. Foram dadas breves ordens. Alguns romanos receberam cartas lacradas da mão do comandante; palavras ditas, em voz baixa e apressadamente, iam e vinham. Saulo cavalgou à frente.

Uma parte dos acompanhantes cavalgou junto com Madalena para o pátio do fortim. Maria Madalena pressentiu algo de sinistro, mas, apesar disso, sua alma ficou calma.

Saulo havia entregado Madalena aos romanos para que a guardassem presa. Ele não queria entrar junto com essa mulher em Damasco.

Um pátio escuro acolheu os cavaleiros. Algumas poucas tochas, fixadas nos muros, chamejavam, conduzindo até uma torre maciça que servia aparentemente de local de guarda.

Conduziram Maria Madalena a essa torre, abrindo uma pequena porta que podia ser fechada com fortes trincos de ferro. Um pequeno recinto, entre grossas paredes, acolheu-a. Piso de pedra, um catre de palha, um jarro com água, um pequeno banco de pedra. Na parede uma pesada corrente de ferro.

Esse era o abrigo que destinaram a ela. Um arrepio gélido subiu-lhe ao coração, quando a porta foi trancada várias vezes, de modo ruidoso e rangedor. Mas a calma consoladora e bem-aventurada não deixava a sua alma. Ela sentou-se no pequeno banco e orou. Fecharam-se os olhos, e o espírito dela caminhava pela edificação.

Parecia que as portas se abriam diante de sua vontade. Como os finos véus de névoa penetram a mesma matéria das nuvens, assim passava sua alma pelas espessas paredes. Apesar da escuridão, ela percebia toda a vida terrena em sua volta.

Ela perpassava os compartimentos quadrados, toscos e inóspitos, providos apenas do mais necessário, que serviam de alojamento para guarnições que iam e vinham. Dormitório, estábulo, compartimento de afazeres gerais. Tudo estava no mais profundo sono, e apenas poucas sentinelas, cujas couraças e suportes de armas tiniam, andavam de um lado para outro. Os cavalos relinchavam baixinho no sono. Borboletas noturnas e morcegos esvoaçavam, e a noite era cinza-escura.

Uma chuva fina tornava tudo molhado, liso e reluzente. A triste escuridão refletia nas poças de água onde tochas as iluminavam fracamente. Uivando baixinho, o vento soprava sobre a torre, fazendo-se ouvir também numa tábua solta de janela, no canto do pátio. Monótona e sempre de novo batia a tábua, como se fosse um sinal na porta do muro de entrada.

Os guardas, decerto sonolentos pelo vinho, levantavam as cabeças, pegando nas armas como que em sonho. Elas reluziam fortemente com os movimentos de prontidão, mas tinindo caíam de repente no chão. Um grito semiabafado saiu de uma garganta rouca. Ofuscados, os homens mantinham as mãos sobre os olhos. Um chamado fez desaparecer a sonolência.

— Apressai-vos, é a cristã presa que está andando aí! Como é possível que ela tenha escapado?

Com voz rouca o chefe do destacamento da guarda proferiu isso, como que esmagado pelo fato vergonhoso de haver sido iludido. Os soldados, porém, estavam como que paralisados. Fixavam seu olhar num lugar, no meio do pátio, onde Maria Madalena se achava circundada por um anel luminoso.

— Agarrai-a e algemai-a! Ela não deve escapar até que Saulo a exija, é assim que diz a ordem. Se não for possível de outro modo, melhor morta do que viva.

Três figuras, desajeitadamente perturbadas, lançaram-se sobre a mulher indefesa. Mas o que era isso? Pegavam, pegavam, sim, em suas roupas, pensavam pegar – e pegavam no vazio!

Não obstante, ela estava bem perto, diante deles. Afastando-se apenas um pequeno passo para o lado, falou-lhes. Todos os três ouviram sua voz, quando ela disse:

"O que estais temendo? Pensais que eu quero escapar de vós? Não me mantendes firmemente presa atrás desses espessos muros? Não esquecestes vosso dever. Mas acreditai e olhai: meu Senhor, Jesus Cristo, está comigo! Ele não permite que um cabelo sequer de um de seus filhos seja tocado antes do seu tempo, pois eu ainda tenho de atuar em nome dele.

Por isso não tenhais medo, eu não fugirei, pois quero provar-vos o poder de nosso Deus, que liberta os presos de acordo com a Sua vontade e a lei, e que ajuda quando rogamos com fé!

Segui-me até a minha cela e amarrai-me, pois eu vos digo em nome dele: não demorará muito e Maria Madalena estará livre. Saulo mudará seu conceito ainda antes de entrar em Damasco. E tomai isso como prova do poder de meu Cristo!"

Os soldados estavam como que encantados; nunca haviam vivenciado algo semelhante. Nunca havia passado tanta força e serenidade de um preso para eles. Nunca tinham visto uma pessoa brilhar assim. Não compreendiam esse fenômeno e estavam completamente confusos. Sobreveio-lhes medo do Deus dos cristãos e estavam em grande tensão, pois não sabiam como acabaria essa história. Por isso, tímidos e curiosos, seguiam a mulher que ia à frente.

Sinais de corneta foram dados, e muitos soldados acorreram nesse ínterim. Tinham aberto o cárcere e agora se entreolhavam como que petrificados: as portas continuavam firmemente trancadas e sem qualquer danificação.

Maria Madalena estava de pé no meio do pequeno recinto; ela não o havia deixado fisicamente. Havia um brilho branco em seu rosto. Os soldados cercaram-na, curiosos, escutando as palavras que vinham de seus lábios, como correntezas de água luminosa. Ela contou-lhes de Jesus, falou da vida, da doutrina e da morte dele. Depois ela relatou sobre a ascensão da parte divina dele e de sua união com o Pai. Falou da força do Espírito Santo, na qual agora era permitido aos discípulos dele atuarem, e falou do poder da vontade dele, que eles mesmos tinham acabado de vivenciar. E um do grupo adiantou-se, ajoelhou-se e falou:

— É possível que nós também possamos receber a força e a bênção de teu Cristo? Pois eu creio que ele é o Deus vivo.

E Maria Madalena colocou a mão sobre a cabeça abaixada dele, abençoando-o. Ele sentiu a força da Luz, comunicando isso aos seus camaradas. Começava a amanhecer. Maria Madalena permaneceu calmamente em sua cela, aguardando a mensagem de Saulo, pois ela sabia que o Senhor o havia iluminado.

Enquanto Saulo e seus amigos, com a escolta dos soldados romanos, prosseguiam, a pequena retaguarda que haviam deixado com a cristã deveria seguir somente mais tarde. O céu escurecia, um fardo pesado e opressor parecia deitar-se sobre os viajantes. Cansados, silenciosos e mal-humorados seguiam seu caminho.

O comandante olhava sombriamente à sua frente, não conseguindo decidir-se a trocar algumas palavras com os companheiros. Manifestava-se uma tensão que parecia tornar-se cada vez mais forte e sinistra. Lentamente um sentimento de medo tomou conta dos homens, mas ninguém quis deixar que percebessem algo. Opuseram-se interiormente à força dessa pressão que não conheciam nem entendiam, mas sentiam nitidamente.

Uma poderosa força de irradiação vinha da vanguarda de sua tropa, concentrando-se sobre o comandante. Mas Saulo defendia-se como um leão contra a voz de seu espírito, que continuamente queria acordá-lo. Ele temia o momento inevitável querendo adiá-lo. Ira tomou conta de sua natureza violenta, porque se sentiu indefeso como uma criancinha.

Ele percebeu que estava sob um poder superior. Seu intelecto agudo estava procurando o início desse estado esquisito, e ele teve de confessar a si mesmo que tudo estava ligado ao aprisionamento da mulher cristã.

Nunca Saulo estivera tão alegre, como no momento em que essa mulher lhe havia dito algumas palavras. Apesar de que as palavras tivessem sido da mais fria rejeição, havia nelas uma esperança e confiança no Deus dela, que provocaram um abalo espiritual em Saulo.

Ele estava refletindo como era possível que umas poucas palavras singelas pudessem causar tão profunda impressão. Como um cego, ele andava tateando pela confusão de sua alma, procurando conexões e esclarecimentos lógicos; contudo, não os encontrava. Cada vez mais irritado, mais sensível tornara-se seu estado de ânimo.

"Cavalgar mais depressa, mais depressa mesmo, para que logo alcancemos Damasco!" Esse era o único pensamento dele.

Subitamente um golpe de vento, zunindo, empurrou um conjunto de nuvens por cima deles, e uma Luz ofuscante, branca e ardente, estendeu-se sobre a figura de Saulo, como se fluísse daquelas nuvens, separadas por uma ventania misteriosa.

Como que petrificados estavam os cavalos, alguns caíram. Os homens encolheram-se. Saulo, porém, foi preenchido pela voz do trovão que vinha de alturas infinitas e continuava a soar como um eco em seu espírito.

"Saulo, por que me estás perseguindo e àqueles que anunciam minha Palavra para a bênção do mundo? Pouco te adiantará, se agires *contra* o poder de teu Deus, pois tu és *Meu!*"

Saulo estava deitado com o rosto na terra. Não podia suportar a corrente de Luz proveniente da Cruz irradiante que penetrava em seus olhos, até as profundezas de sua alma. Como morto estava estendido na terra. Depois, quando uma leve respiração se manifestou, um tremor perpassou seu corpo, tão fortemente, que ainda não conseguia levantar-se. A Luz ainda ardia em seus olhos, doendo-lhe imensamente. Não obstante, sentiu uma alegria bem-aventurada dentro de si. Estava como que liberto de um fardo, livre da opressão da pretendida grandeza humana; incapaz de pensar, de agir e de querer, reviveram nele as palavras, tornando-se realidade:

"Pouco te adiantará, se agires *contra* o poder de teu Deus…"

Ele sentia: seu Deus havia-lhe revelado Seu poder. Ainda o ofuscava a Luz desse poder divino.

Seus companheiros estavam com medo; penosamente haviam-se levantado e queriam ajudá-lo. Ergueram-no. Ao colocarem-no de pé, e quando o seu grande e pesado corpo pôde novamente pôr em funcionamento os músculos, devagar, perceberam que seu cavalo estava morto. Cuidadosamente conduziram-no à beira da estrada.

Então ele lhes disse com uma voz que soava de modo estranho e como se viesse de longe, que a poderosa Luz havia cegado seus olhos, e que eles teriam de guiá-lo.

A seguir contou-lhes que Deus havia falado para ele. Eles se admiraram muito, pois nada haviam escutado, mas a fortíssima Luz, sim, tinha-os sobrepujado, a todos.

— E agora, disse Saulo, continuemos a cavalgar para Damasco. Uma parte, porém, do pessoal, juntamente com Lúcio, deverá voltar, ordenando à cristã que siga para Damasco. Lá ouvireis mais.

Depois, os seus colocaram-no num cavalo, conduzindo-o pelo caminho com cuidado e respeito.

P<small>ASSARA-SE</small> a noite e metade do dia. Um meio-dia encoberto e abafado seguiu-se à manhã chuvosa. Baixas nuvens escuras, muitas vezes cortadas por deslumbrantes raios de sol, passaram rapidamente com a ventania, desaparecendo nas colinas.

Na cela do pequeno fortim o ar estava abafadiço. Os muitos guardas haviam permanecido ali, pois eles não podiam desligar-se do ambiente exterior de sua grande vivência espiritual. Na lugubridade da tempestade noturna, fora aberto a eles a Luz da vida, através do fenômeno com a prisioneira.

Como crédulas e singelas crianças, estavam sentados aos pés da cristã, ouvindo a história da vida dela. E enquanto eles ainda escutavam, cheios de pasmo e admiração, como uma vida humana podia transformar-se assim, rapidamente, então eles mesmos, na maior parte, já estavam a caminho de se tornarem outros. Eles próprios, porém, ainda não sabiam disso.

Madalena viu, com alegria íntima, como suas palavras criavam raízes nesses ânimos simples. Apenas poucos haviam-se colocado de lado, olhando para os outros de modo desconfiado e meio irônico.

"Devido à monotonia do serviço de vigia, certamente o divertimento com a cristã maluca os está alegrando." Assim pensavam.

Naturalmente, a vivência da noite também a eles deu o que pensar, mas para isso acharam logo palavras que fizeram adormecer novamente o incômodo exortar de suas almas, no sono da indolência espiritual.

Pelo meio-dia, ouviram um tropel. Soou o sinal da torre. Correram todos para seus lugares, e rapidamente a antiga conduta e ordem voltava ao pequeno agrupamento, caracterizando a disciplina das tropas romanas. Entraram pelos portões os homens que no dia anterior haviam entregado Madalena. O comandante Lúcio entregou a ordem escrita de Saulo ao comandante do fortim.

Imediatamente foram abertos os portões para a libertação de Madalena. Com pasmo, os homens de Saulo souberam o que ocorrera à noite e, cochichando, informaram o comandante da esquisita transformação de Saulo diante de Damasco e da grande Luz que todos haviam presenciado.

Totalmente convictos pela rápida realização das palavras de Madalena e pela verdade nelas contida, irrompeu um flamejante entusiasmo entre os romanos. Abalados e surpresos estavam esses seres humanos, tendo todos eles preferido seguir Madalena até Damasco. Mas não tinham permissão de abandonar o fortim. Contudo, eles pediram a bênção de Madalena e também a graça do batismo. Madalena prometeu-lhes enviar um discípulo do Senhor, pois eles tinham conhecimento do círculo de cristãos em Damasco, que ela mesma queria procurar.

Entrando em Damasco, Saulo já estava sendo esperado pelos cristãos, pois havia um discípulo de Damasco que recebera uma mensagem da Luz. Todos estavam esperando por Saulo. Eles sabiam que ele era um inimigo do Senhor, tendo recebido poderes e licença dos fariseus e dos sacerdotes superiores para prender todos os cristãos, julgando-os. Eles estavam pensando que chegara a sua hora, reunindo-se diariamente ao anoitecer num local secreto em uma velha caverna.

E quando estavam assim sentados, juntos, após orarem, fez-se ouvir um leve bramir no círculo deles, e o espírito de Ananias, um homem ainda moço, com saúde de corpo e alma, desprendeu-se do corpo. Fora elevado para uma Luz clara e nítida, em cujo núcleo supremo e mais luminoso brilhava a Cruz.

Do fluxo dessa Luz, porém, soava sempre e sempre de novo o nome dele. E seus lábios terrenos exprimiam, alto e perceptível, as palavras que do irradiante fluxo da Luz retumbavam para ele, embaixo:

"Vai e pergunta por Saulo de Tarso! Não te escondas, pelo contrário, procura o leão em sua toca. O Senhor muda os caminhos; lembra-te disso e não hesites. Vê, ele ora, pois te viu em espírito e Eu lhe disse teu nome. Ele é um instrumento escolhido por Mim para a conversão dos pagãos, e Eu quero mostrar-lhe o quanto terá de sofrer por causa do Meu nome. Coloca tuas mãos sobre ele, para que torne a ver novamente, pois a constituição terrena dos olhos dele não está perturbada; ele apenas está ofuscado pelo espírito. Desperta-o com a força do Espírito Santo!"

Ananias levantou-se, caminhando logo, guiado pelo espírito, até a viela chamada a "Reta". Numa casa que lhe fora designada pela Luz do Senhor, ele perguntou por Saulo, encontrando-o cego e aprofundado em oração.

Saulo ouviu os passos se aproximando, dirigindo a cabeça na direção de onde vinha o som. Tornara-se outro. Da possante cabeça, que parecia agora levemente abaixada, brilhava um vislumbre luminoso. Com as mãos tateava, como que procurando, em direção ao lugar em que Ananias se encontrava, parecendo assimilar agradecido uma onda de amor; pois em seu rosto sereno, abalado pelo sofrimento, misturou-se uma expressão de alegria ao falar:

— És tu aquele que me foi prometido pelo Senhor para ajudar-me?

— Sim, sou Ananias, o discípulo de Jesus, e chego a ti em nome dele, para que novamente possas ver e sejas preenchido pelo Espírito Santo. E colocou as mãos sobre a cabeça e os olhos dele.

Saulo prostrou-se de joelhos, lágrimas corriam-lhe dos olhos ofuscados pela Luz, e parecia-lhe como se véu após véu caíssem também de sua alma. Cheio de força, ele levantou-se e pediu que lhe fosse permitido permanecer no círculo dos discípulos de Cristo.

Acolheram-no, ensinando-lhe a Palavra do Senhor. Começou uma temporada de trabalho alegre, como Saulo nunca conhecera. A Luz brilhava em seu espírito, e seus grandes dons estavam incandescidos e vivificados pela sua forte vontade.

Não demorou muito e Saulo, agora como Paulo, anunciava alto a Palavra do Senhor, refutando os ataques dos fariseus com suas próprias armas. Uma luta feroz eclodiu nas escolas de Damasco, e o ódio dos judeus dirigia-se agora contra Paulo, em primeiro lugar. Ele, porém, preenchido pelo espírito, mal notava isso.

O NÚMERO de adeptos crescia consideravelmente, uma vez que os atos, as palavras dos discípulos e a transformação de Saulo se tornavam conhecidas. Também a história de Madalena espalhou-se entre o povo, atraindo um numeroso grupo à comunidade de Damasco, pois ela havia começado a doutrinar livremente entre as mulheres. Ela fundou também um asilo para moças abandonadas, que levou seu nome, dando as primeiras instruções e auxílios a todas que se ofereceram a ela para ajudar e servir.

Dia e noite ela trabalhava diligentemente, angariando muitos amigos agradecidos. Uma grande força nutria Maria Madalena, capacitando-a sempre novamente para novo atuar. E todo o trabalho dela progredia com grande rapidez e beleza, frutificando. Parecia como se novamente pudesse florescer uma vida pacífica para Madalena, um belo campo de ação entre irmãs. Mas o trabalho pérfido dos judeus que perseguiam Paulo alastrou-se por sobre a comunidade toda. Começou uma verdadeira perseguição.

Maria Madalena foi advertida. A grande Luz novamente flamejava a seu lado, chamando-a com voz de trovão:

"Em breve terás percorrido o teu caminho, serva do Senhor; apressa-te para que ele não seja encurtado por mão assassina. Sê mais uma vez um instrumento da Minha vontade, pois Paulo encontra-se no maior perigo. Ele, porém, está somente no início de sua atividade e as ações dele estender-se-ão para longe, sobre os povos.

Corre e dirige-te para o portão, por volta da meia-noite, e solicita a Paulo que esteja lá com três ajudantes. Deixai-vos deslizar ali pelo muro, a fim de que antes da madrugada ainda alcanceis os templos dos rochedos, pois estão prestes a prender-vos e entregar-vos a torturas."

E outra vez foi uma noite tempestuosa, quando Madalena se pôs a caminho para encontrar-se com os discípulos. Ela queria logo retransmitir o aviso. Todos estavam reunidos num salão, onde um delicado odor de resinas proveniente das lamparinas havia-se espalhado. Estavam pronunciando uma oração, no momento em que Madalena entrou silenciosamente pela porta dos fundos.

Ela esperou até que a voz de longo alcance de Paulo houvesse terminado; só então, ela bateu na porta baixa, de duas partes. Abriu-se um pouco a metade superior. A dona da casa olhou cautelosamente, quase amedrontada, para fora. Reconhecendo Madalena, desanuviou-se o rosto bem enrugado, e os olhos pretos e penetrantes ficaram com um brilho de alegria. Com profunda reverência ela se pôs de lado, dando passagem a Madalena.

Muitos dos que estavam reunidos haviam, nesse ínterim, saído do salão pela porta da frente. Os poucos sofás e os escuros bancos de madeira estavam em desordem, colocados ao lado das quatro ásperas e vazias paredes do grande recinto, que anteriormente podia ter servido de estábulo.

No meio desse recinto ainda havia um grupo de homens entretido em animada conversa. Entre eles, Paulo e Ananias. Os outros eram alunos jovens que discutiam com grande interesse as sentenças de Paulo. Este, de vez em quando, intervinha com algumas breves palavras em língua grega.

Em seu entusiasmo, não haviam percebido a chegada de Madalena. Somente depois de algum tempo, viram a mulher encostada, modesta e pacientemente, numa coluna da entrada, olhando para o grupo que conversava. Paulo alegremente foi ao encontro dela, levantando as mãos, como que abençoando, com a palavra:

"Paz!"

Então soou uma batida forte no portão do pátio externo, deixando todos sobressaltados.

Como que voando, saíram agora as notícias da boca de Madalena. Ela pronunciou, com especial ênfase, a advertência do Senhor. Imediatamente compreendera que os perseguidores já estavam agindo. Rapidamente ela deu um sinal, e as cinco pessoas correram silenciosamente pelo caminho de volta, por onde Madalena viera.

No pátio dos fundos havia silêncio, e as ruelas molhadas pela chuva, por onde corriam celeremente, estavam desertas e lúgubres. Não sabiam o caminho, seguindo apenas em direção às colinas.

Assim chegaram a um pequeno portão de grades, que não estava fechado. Conduzia para uma velha torre que parecia um terraço e em cuja plataforma se podia andar como em solo plano, enquanto que para baixo terminava numa vala funda e seca.

Seu colossal conjunto de pedras era tosco, de cor cinza-escuro e coberto de densa vegetação. Debaixo manifestava-se um silêncio mortal. Maria Madalena olhou apavorada para baixo, mas ao mesmo tempo viu o possante guincho, com o qual, durante o dia, eram transportados grandes balaios de mantimentos até os celeiros da cidade. Ela lembrou-se das palavras que lhe foram ditas:

"Deixai-vos deslizar ali…"

E ela ordenou aos robustos moços que aprontassem o balaio. Eles acomodaram o grande e pesado Paulo no cesto, o qual, apenas contra a vontade, se submeteu a esse plano de fuga. Ananias exortou-o à obediência. Então o guincho chiou sob o movimento dos fortes punhos dos três moços.

Madalena viu o balaio descer para o fundo, lenta e pesadamente, e o coração dela bateu medrosamente. Trêmula, ela curvou-se sobre o parapeito da torre. Será que a fuga teria bom êxito? O vibrar e afrouxar da corda indicava que o balaio havia tocado em solo firme. E já os homens puderam içá-lo de novo.

Ananias e Madalena aguardavam com grande tensão, pois enxergavam um vislumbre de luz aproximar-se deles, lentamente, das ruas da cidade. Seus ouvidos superexcitados julgavam escutar até vozes através do murmúrio do vento noturno. Os três jovens alunos que os ajudavam, insistiam e aconselhavam a que tomassem juntos a cesta.

— Ela facilmente comporta duas pessoas adultas, e ganharemos tempo, senão ainda poderá acontecer que Paulo seja preso lá embaixo.

Isso os induziu à decisão de arriscarem-se a descer. Eles se confiaram ao balaio, que facilmente os acolheu. O golpe foi tremendo ao descerem, antes que a manivela retomasse correta e uniformemente o seu funcionamento, pois o peso era quase dobrado. Um pavor súbito atravessou Madalena com a rápida descida. Será que as cordas aguentariam? Mas então já estavam descendo suavemente, devagar e de modo seguro.

Quando o cesto já estava quase tocando o chão, caiu de repente a corda de cima, e eles chegaram ao solo com um forte choque. Abaladas, ambas as pessoas saíram dele. Paulo não mais estava no local e decerto já tinha ido adiante.

De cima soava uma gritaria, e pesadas pedras caíam no fosso. Ambos os fugitivos achegaram-se ao muro da torre e saíram sorrateiramente, acobertados pelos paredões de pedra, em direção às colinas.

O barulho e a gritaria dos judeus, porém, eles ainda ouviram durante muito tempo, e com dor no coração pensavam nas pobres vítimas que ficaram nas mãos dos perseguidores. Quem ainda teria tido a presença de espírito para cortar rapidamente a grossa corda do balaio?

Só agora Madalena sentia o quanto seu corpo lhe doía devido à queda violenta, mas ela prosseguia caminhando corajosamente com o pensamento de ter cumprido agora a ordem do Senhor. O caminho seguia através de arbustos escuros e úmidos e conduzia para cima, para as primeiras colinas, onde pequenas casas, com telhados achatados, estavam encostadas às rochas, como ninhos de pássaros. Não eram casas habitadas, mas apenas restos de um antigo povoado de pastores.

Neblinas matutinas começavam a subir levemente, anunciando o astro do dia. Sobre a Terra ainda era noite; apenas o céu já estava se tornando mais claro. As nuvens baixas desapareceram; uma brisa amena levantou-se, depois da ventania noturna.

Molhados e arranhados, bem no alto dos declives, os dois discípulos do Senhor caminhavam, procurando trilhas intransitáveis para os templos das cavernas.

— Paulo nos dará um sinal somente quando estivermos no próprio local, consolou Madalena.

Esse consolo, porém, era dirigido mais a ela mesma, do que a Ananias, que, ereto como um junco, andava à frente dela.

— Não precisamos de sinais, a não ser os que o Senhor nos dá. Sei que estamos no caminho certo!

Mas para Maria Madalena a caminhada tornara-se muito penosa. Ela não conseguia mais andar tão vigorosamente como em geral.

"Permanece calma e não tenhas medo; em breve terás alcançado teu alvo. Tua vida está chegando ao fim. Então te será permitido vivenciar as alegrias da Luz!"

Assim sussurrava em volta dela, como que ajudando e consolando. Raios de Luz vibravam diante dela, em delicados e coloridos círculos; mãos refrescantes guiavam-na, apoiavam-na e levantavam seus pés por cima de pedras ásperas e lugares irregulares, a fim de andarem seguramente. Suor frio, não obstante, cobria sua testa. Uma dor cortante no lado esquerdo obrigava-a a descansar frequentemente. Mal conseguia prosseguir andando.

— Ananias, segue até Paulo; não posso continuar assim rapidamente.

— Se eles nos procuram, prender-te-ão, Maria Madalena.

— Então será da vontade do Senhor que eles passem por cima do meu corpo, antes de alcançarem o seu alvo. Quero fazer o meu serviço até o fim!

De novo foi a força dela que aí se manifestou. Mas foi apenas a força interior da alma; o corpo entrara no começo de sua desintegração – havia chegado a hora dele.

Ananias conduziu-a para uma caverna afastada, que dava proteção contra ventos mais fortes e situava-se num local maravilhoso e ensolarado. A vista das colinas ascendentes do Antilíbano sobre as distâncias infinitas era bem-aventurada em sua beleza.

Madalena, porém, nada mais viu disso.

A cabeça dela pendeu sobre o peito; calor seco alternava-se com calafrios pelo corpo todo. Ela ansiava por descanso e por um gole de água fresca. Pela primeira vez, depois de longo tempo, ela mesma necessitava de uma palavra humana consoladora, de uma mão que a ajudasse. Sua vida havia sido consagrada até agora exclusivamente a servir ao próximo; nunca mais pensara em si mesma. Mas por que estava o Senhor lhe proporcionando agora essa fraqueza, esse extinguir? Em que ela errara? Tal pergunta entristecia sua alma.

Ananias preparou um lugar para deitá-la. Arrumou tudo da melhor maneira que pôde, prometendo trazer bem em breve comida e um jarro, pois ele queria voltar a Damasco em busca de auxílio.

— Ananias, pensa em Paulo, não em mim! Minha hora logo terá chegado, mas ele ainda é necessário.

Ananias anuiu com a cabeça. Ele colocou a mão sobre ela, e um agradável relaxamento, uma maravilhosa e fortalecedora calma tomou conta dela. Depois ele partiu o pão, oferecendo-lhe igualmente o vinho. Um brilho claro perfluiu a caverna, o rosto de um luminoso mensageiro de Deus inclinou-se sobre a enferma. Finas irradiações vieram da Luz, concretizando-se cada vez mais numa escada ascendente e luminosa que conduzia a distâncias altíssimas e claríssimas.

Cheias de alegria, soavam vozes que jubilavam para baixo e rostos claros reluziam para ela, tão caros e familiares, tão conhecidos e, no entanto, pareciam-lhe tão sagrados e distantes.

Novamente passou a fragrância de brancas flores de laranjeira por cima dela, despertando recordações de um país distante e quente, em cuja areia brilhante brincava uma criança a seus pés. Havia muita felicidade terrena nessa imagem, um recordar de uma maravilhosa época de juventude. Depois as flores caíram dos galhos áureos, e um rio carregou-a numa canoa de ouro para um país oprimido pelo poder de um punho trevoso, e novamente estava com ela essa ensolarada criança, mas ela já havia-se tornado uma mocinha.

E sussurrava e murmurava um leve vento do deserto. Ela encontrava-se diante dos portões de uma cidade branco-dourada. Por cima brilhava uma Luz, mais radiante do que a luz de um sol, e dela olhava um rosto branco.

"Eu, Ismael, te guio!", assim ouviu. "Olha mais para dentro."

E ela olhou para o brilhante conjunto de compartimentos brancos, de jardins com palmeiras que se moviam, e de salões dourados. Diante dela abriam-se maravilhosas grutas, nas quais pareciam caminhar espíritos bem-aventurados. Eram sete grutas sagradas, cada uma de cor diferente, mas sempre havia também aquelas figuras maravilhosas com os rostos brilhantes e maduros. Entre elas estava, como única mulher, envolta em véus, a mais brilhante, a mais pura das figuras, assemelhando-se a uma flor recém-desabrochada.

Na sétima gruta havia uma Luz branca que quase queimava os olhos. Nesse brilho branco destacava-se irradiante somente mais uma figura. Um homem vestido de branco com as insígnias de um príncipe, com espada e anel reluzentes e uma imagem de pomba sobre a vestimenta. Como ouro, porém, era a luz dos olhos dele. E ele indicou para cima, pronunciando com voz sonante e suave:

"Nós nos reveremos."

Um anel de Luz brilhou diante dos olhos de Madalena, depois não mais viu a figura luminosa.

Madalena adormeceu num sono longo e confortante. Ananias deixara-a para buscar auxílio e alimentos.

Mas o espírito quis que ela terminasse sozinha essa caminhada, a qual também havia iniciado sozinha em busca do Senhor. A febre baixou, e as dores por causa de uma costela quebrada foram-lhe tiradas. Cada vez mais nítido, mais puro, trabalhava seu cérebro, e os finos órgãos do espírito ligavam-se à Luz. Agora ela não mais estava sozinha. Mulheres luminosas chegaram-se a ela, deleitando-a com alimentação espiritual.

De novo fluía na irradiação prateada a força da pureza para ela. Mas não como naquela vez, quando Jesus, a Luz divina, ainda estava na Terra, mas sim, agora na figura da encantadora virgem Irmingard, na qual a flor do Lírio em Luz branca e brilhante, resguardada no Santo Graal, enviava seus fluxos de Luz através das esferas, até embaixo, nos jardins dos espíritos puros, e até a gruta de luz azul-prateada do sagrado castelo, onde a mãe de Jesus estava aguardando o seu atuar. E foi a figura luminosa dela que desceu até Madalena.

"Assim como tu estiveste junto de mim, agora eu estou junto de ti", disse-lhe ela. "Eu trago para ti a força da pureza, proveniente da fonte da vida, que almejas como o supremo. Ela te ajudará na ascensão. Deixa sem preocupações o mundo, pois as alegrias de reinos superiores te esperam!

Tudo é um vibrar no círculo dos acontecimentos e formações divinas. Tudo é tão diferente, tão mais belo, mais rico e mais sagrado do que vós, seres humanos, imaginais. Tão grande e acima da compreensão humana é a abundância do que é criado na Criação primordial, e tão grande já parece ao espírito, que emerge da matéria, o primeiro degrau dos planos da Criação posterior, aos quais os bem-aventurados espíritos humanos vivificam juntamente com muitas outras formas da Luz, que ainda nem conheceis, e nem sabeis o nome.

Quando tiveres entrado na eternidade, só então te será visível o longo caminho – até Deus!"

E a alma de Maria Madalena que se desligava, deixou seu invólucro terreno, subindo ao encontro de Maria de Nazaré. Sobre um caminho de rosas pisavam seus pés brancos; sua cabeça delgada inclinou-se de leve e uma coroa de Luz ensolarava sua vestimenta branca.

"Verás Jesus", disse ela, "e Aquele que ainda virá. A Esse também servirás na Terra. Só então se fechará o círculo de tua existência, assim como tua morte atual está fechando o círculo de tua atual vida terrena, pois o espírito segue caminhos longos."

Foi como se um fio de Luz se esticasse para cima, a ponto de rebentar, e ele rompeu... Livre elevou-se a alma de Madalena, em direção a uma leveza cada vez mais clara e mais ampla, até que ela, no fulgor da Luz do portal de ouro, viu Jesus, o glorificado Filho de Deus, assim como ele lhe havia aparecido, depois da morte dele. Fluxos de Luz acolheram-na, levando-a até uma ilha luminosa, onde descansaria demoradamente.

AO LEITOR

A Ordem do Graal na Terra é uma entidade criada com a finalidade de difusão, estudo e prática dos elevados princípios da Mensagem do Graal de Abdruschin "NA LUZ DA VERDADE", e congrega as pessoas que se interessam pelo conteúdo das obras que edita. Não se trata, portanto, de uma simples editora de livros.

Se o leitor desejar uma maior aproximação com as pessoas que já pertencem à Ordem do Graal na Terra, em vários pontos do Brasil, poderá dirigir-se aos seguintes endereços:

Por carta
ORDEM DO GRAAL NA TERRA
Rua Sete de Setembro, 29.200 – CEP 06845-000
Embu das Artes – SP – BRASIL

Por telefone
11 4781-0006

Por e-mail
graal@graal.org.br

Internet
www.graal.org.br

NA LUZ DA VERDADE
Mensagem do Graal
de Abdruschin

Obra editada em três volumes, contém esclarecimentos a respeito da existência do ser humano, mostrando qual o caminho que deve percorrer a fim de encontrar a razão de ser de sua existência e desenvolver todas as suas capacitações.

Seguem-se alguns assuntos contidos nesta obra: O reconhecimento de Deus • O mistério do nascimento • Intuição • A criança • Sexo • Natal • A imaculada concepção e o nascimento do Filho de Deus • Bens terrenos • Espiritismo • O matrimônio • Astrologia • A morte • Aprendizado do ocultismo, alimentação de carne ou alimentação vegetal • Deuses, Olimpo, Valhala • Milagres • O Santo Graal.

vol. 1 ISBN 978-85-7279-026-0 • 256 p.
vol. 2 ISBN 978-85-7279-027-7 • 480 p.
vol. 3 ISBN 978-85-7279-028-4 • 512 p.

ALICERCES DE VIDA
de Abdruschin

"Alicerces de Vida" reúne pensamentos extraídos da obra "Na Luz da Verdade", de Abdruschin. O significado da existência é tema que permeia a obra. Esta edição traz a seleção de diversos trechos significativos, reflexões filosóficas apresentando fundamentos interessantes sobre as buscas do ser humano.

Edição de bolso • ISBN 978-85-7279-086-4 • 192 p.

OS DEZ MANDAMENTOS E O PAI NOSSO
Explicados por Abdruschin

Amplo e revelador! Este livro apresenta uma análise profunda dos Mandamentos recebidos por Moisés, mostrando sua verdadeira essência e esclarecendo seus valores perenes.

Ainda neste livro compreende-se toda a grandeza de "O Pai Nosso", legado de Jesus à humanidade. Com os esclarecimentos de Abdruschin, esta oração tão conhecida pode de novo ser sentida plenamente pelos seres humanos.

Também em edição de bolso • ISBN 978-85-7279-058-1 • 80 p.

RESPOSTAS A PERGUNTAS
de Abdruschin

Coletânea de perguntas respondidas por Abdruschin no período de 1924-1937, que esclarecem questões enigmáticas da atualidade: Doações por vaidade • Responsabilidade dos juízes • Frequência às igrejas • Existe uma "providência"? • Que é Verdade? • Morte natural e morte violenta • Milagres de Jesus • Pesquisa do câncer • Ressurreição em carne é possível? • Complexos de inferioridade • Olhos de raios X.

ISBN 85-7279-024-1 • 174 p.

OBRAS DE ROSELIS VON SASS

A DESCONHECIDA BABILÔNIA
Uma das cidades mais significativas da Antiguidade, conhecida por seus Jardins Suspensos, pela Torre de Babel e por um povo ímpar: os sumerianos, fortes no espírito, grandes na cultura. Babilônia, por um lado tão encantadora, por outro, ameaçada pelo culto de Baal.

ISBN 85-7279-063-2 • 304 p.

A GRANDE PIRÂMIDE REVELA SEU SEGREDO
Povos antigos interpretavam a Grande Pirâmide do Egito como uma obra rica em simbologia profética. O livro narra a construção desse enigmático monumento, as profecias impressas em sua estrutura arquitetônica e o destino espiritual dos seres humanos.

ISBN 978-85-7279-044-4 • 352 p.

A VERDADE SOBRE OS INCAS
Roselis von Sass mescla a história da construção da nação inca – cuja unidade cultural extremamente avançada instiga ainda hoje a curiosidade de pesquisadores – com acontecimentos da vida diária desse povo espiritualizado, fortemente ligado à natureza.

ISBN 978-85-7279-053-6 • 288 p.

ÁFRICA E SEUS MISTÉRIOS
"África para os africanos!" era o ideal em torno do qual um grupo de seres humanos de diversas origens se uniram em 1961, pouco tempo depois da República Democrática do Congo deixar de ser colônia belga. Lutavam por um país independente e justo.

ISBN 85-7279-057-8 • 336 p.

ATLÂNTIDA. PRINCÍPIO E FIM DA GRANDE TRAGÉDIA
"Quando a Estrela Lunar se apagar, nosso mundo também se apagará!", alerta a profecia. Roselis von Sass descreve os últimos 50 anos da história desse surpreendente país, citado por Platão, e as advertências ao povo para que mudassem para outras regiões.

ISBN 978-85-7279-036-9 • 176 p.

FIOS DO DESTINO DETERMINAM A VIDA HUMANA
Uma autêntica e sensível coletânea de textos e contos que ilumina e elucida a misteriosa força dos fios do destino. Carma e resgate. As situações na vida dos seres humanos são entrelaçadas: laços de amor, decepções, depressão, ansiedade, um contínuo semear e colher.

ISBN 978-85-7279-045-1 • 208 p.

LEOPOLDINA, UMA VIDA PELA INDEPENDÊNCIA
Leopoldina tornou-se a primeira mulher a ter seu papel político reconhecido no Brasil. Seu grande poder de decisão e perseverança influenciaram na formação de novos caminhos para o país, culminando na Independência do Brasil. – *Extraído do livro "Revelações Inéditas da História do Brasil".*

Edição de bolso • ISBN 978-85-7279-111-3 • 144 p.

O LIVRO DO JUÍZO FINAL
O grandioso acontecimento denominado Juízo Final, mencionado em tantas profecias oriundas de diferentes épocas da humanidade, e temas como doenças, alterações do Sol, mitologia, seres elementares da natureza e o Grande Cometa são desvendados à luz de um novo saber.

ISBN 978-85-7279-049-9 • 384 p.

O NASCIMENTO DA TERRA
A formação do planeta Terra revelada sob uma perspectiva espiritualista. As transformações que ocorreram durante bilhões de anos, cuidadosamente realizadas por pequenos e grandes seres elementares da natureza, para receber os humanos e auxiliar em seu desenvolvimento espiritual.

ISBN 85-7279-047-0 • 176 p.

OS PRIMEIROS SERES HUMANOS
A trajetória do ser humano no planeta Terra desde a origem dos animais evoluídos, que receberam a encarnação dos primeiros espíritos humanos, e os períodos de desenvolvimento humano nas diferentes regiões do planeta, denominadas berços da humanidade.

ISBN 978-85-7279-055-0 • 160 p.

PROFECIAS E OUTRAS REVELAÇÕES
"Profecias e Outras Revelações" busca extrair o significado de conhecidas profecias, como a Terceira Mensagem de Fátima, o Juízo Final, as transformações do Sol e o Grande Cometa. Temas que levam a extensas pesquisas e mostram que tudo é regido pela lei de causa e efeito. – *Extraído de "O Livro do Juízo Final".*

Edição de bolso • ISBN 85-7279-088-8 • 176 p.

REVELAÇÕES INÉDITAS DA HISTÓRIA DO BRASIL
Roselis von Sass propõe ler o Brasil com um olhar voltado para a espiritualidade, fazendo uma análise de três momentos considerados fundamentais: os povos antigos que aqui habitaram, as circunstâncias que levaram à Independência e a construção de Brasília, deslocando a capital do país para o interior do território nacional.

ISBN 978-85-7279-112-0 • 256 p.

SABÁ, O PAÍS DAS MIL FRAGRÂNCIAS
Sabá, um país a dois mil metros de altitude, ao sul da Península Arábica, na região do atual Iêmen. Uma visão espiritualizada sobre a vida da Rainha de Sabá e sua visita ao Rei Salomão.

ISBN 978-85-7279-066-6 • 400 p.

TEMPO DE APRENDIZADO
"Tempo de Aprendizado" é uma coletânea de frases e narrativas que abordam a existência, o cotidiano e a capacidade do ser humano determinar seu futuro por meio de suas ações. Com imagens e textos repletos de conhecimento espiritual.

Livro Ilustrado • *Capa Dura* • ISBN 85-7279-085-3 • 112 p.

OBRAS DE DIVERSOS AUTORES

A VIDA DE ABDRUSCHIN
Por volta do século XIII a.C., o soberano dos árabes parte em direção aos homens do deserto. Rústicos guerreiros tornam-se pacíficos sob o comando daquele a quem denominam "Príncipe". Na corte do faraó ocorre o previsto encontro entre Abdruschin e Moisés, o libertador do povo israelita.
"A Vida de Abdruschin" é a narrativa da passagem desse "Soberano dos soberanos" pela Terra.

ISBN 85-7279-011-X • 264 p.

A VIDA DE MOISÉS
A narrativa envolvente traz de volta o caminho percorrido por Moisés desde seu nascimento até o cumprimento de sua missão: libertar o povo israelita da escravidão egípcia e transmitir os Mandamentos de Deus. Com um novo olhar acompanhe os passos de Moisés em sua busca pela Verdade e liberdade. – *Extraído do livro "Aspectos do Antigo Egito".*

Edição de bolso • ISBN 978-85-7279-074-1 • 160 p.

ASPECTOS DO ANTIGO EGITO
O Egito ressurge diante dos olhos do leitor trazendo de volta nomes que o mundo não esqueceu – Tutancâmon, Ramsés, Moisés, Akhenaton e Nefertiti.
Reviva a história desses grandes personagens, conhecendo suas conquistas, seus sofrimentos e alegrias, na evolução de seus espíritos.

ISBN 85-7279-076-4 • 288 p.

BUDDHA
O livro convida o leitor a uma viagem pela Cordilheira do Himalaia, ao encontro das origens do budismo! A narrativa romanceada apresenta os primórdios do budismo, uma nova visão sobre as origens de vários conceitos, como a causa dos sofrimentos humanos, o Nirvana e a reencarnação.

ISBN 978-85-7279-072-7 • 336 p.

CASCA VAZIA
de Sibélia Zanon, com ilustrações de Paloma Portela

"Casca vazia" passeia pelas memórias de uma menina, que gosta de assistir a vida acontecer. Aos 12 anos ela acompanha os perigos que uma família de tico-ticos enfrenta ao fazer seu ninho numa samambaia. Aos 13, ela descobre que corpo de gente é igual a casca de ovo. Ao deparar com cascas e ninhos vazios ela pergunta: – Para onde vocês VÃO com tanta pressa?

"Casca vazia" é um livro sem idade. A delicadeza das primeiras experiências com a separação e o luto possibilitam a reflexão sobre os ciclos, sobre as trajetórias de vida, sobre uma existência que abriga renascimentos.

Livro ilustrado • ISBN 978-65-5728-013-3 • 28 p.

CASSANDRA, A PRINCESA DE TROIA

Pouco explorada pela história, a atuação de Cassandra, filha de Príamo e Hécuba, reis de Troia, ganha destaque nesta narrativa. Com suas profecias, a jovem alertava constantemente sobre o trágico destino que se aproximava de Troia.

Edição de bolso • ISBN 978-85-7279-113-7 • 224 p.

ÉFESO

A vida na Terra há milhares de anos. A evolução dos seres humanos que sintonizados com as leis da natureza eram donos de uma rara sensibilidade, hoje chamada "sexto sentido".

ISBN 85-7279-006-3 • 232 p.

ESPIANDO PELA FRESTA
de Sibélia Zanon, com ilustrações de Maria de Fátima Seehagen

"Espiando pela fresta" tem o cotidiano como palco. As 22 frestas do livro têm o olhar curioso para questões que apaixonam ou incomodam. A prosa de Sibélia Zanon busca o poético e, com frequência, mergulha na infância: espaço propício para as descobertas da existência e também território despretensioso, capaz de revelar as verdades complexas da vida adulta.

ISBN 978-85-7279-114-4 • 112 p.

JESUS ENSINA AS LEIS DA CRIAÇÃO
de Roberto C. P. Junior
Em "Jesus Ensina as Leis da Criação", Roberto C. P. Junior discorre sobre a abrangência das parábolas e das leis da Criação de forma independente e lógica. Com isso, leva o leitor a uma análise desvinculada de dogmas. O livro destaca passagens históricas, sendo ainda enriquecido por citações de teólogos, cientistas e filósofos.

ISBN 85-7279-087-X • 240 p.

JESUS, FATOS DESCONHECIDOS
Independentemente de religião ou misticismo, o legado de Jesus chama a atenção de leigos e estudiosos.
"Jesus, Fatos Desconhecidos" traz dois relatos reais de sua vida que resgatam a verdadeira personalidade e atuação do Mestre, desmistificando dogmas e incompreensões nas interpretações criadas por mãos humanas ao longo da História. – *Extraído do livro "Jesus, o Amor de Deus".*

Edição de bolso • ISBN 978-85-7279-089-5 • 192 p.

JESUS, O AMOR DE DEUS
Um novo Jesus, desconhecido da humanidade, é desvendado. Sua infância... sua vida marcada por ensinamentos, vivências, sofrimentos... Os caminhos de João Batista também são focados.
"Jesus, o Amor de Deus" – um livro fascinante sobre aquele que veio como Portador da Verdade na Terra!

ISBN 85-7279-064-0 • 400 p.

LAO-TSE
Conheça a trajetória do grande sábio que marcou uma época toda especial na China. Acompanhe a sua peregrinação pelo país na busca de constante aprendizado, a vida nos antigos mosteiros do Tibete, e sua consagração como superior dos lamas e guia espiritual de toda a China.

ISBN 978-85-7279-065-9 • 304 p.

MARIA MADALENA
Maria Madalena é personagem que provoca curiosidade, admiração e polêmica!

Símbolo de liderança feminina, essa mulher de rara beleza foi especialmente tocada pelas palavras de João Batista e partiu, então, em busca de uma vida mais profunda.
Maria Madalena foi testemunha da ressurreição de Cristo, sendo a escolhida para dar a notícia aos apóstolos. – *Extraído do livro "Os Apóstolos de Jesus".*

Edição de bolso • ISBN 978-85-7279-084-0 • 160 p.

NINA E A MONTANHA GIGANTE
de Sibélia Zanon, com ilustrações de Paloma Portela e Tátia Tainá
Nina faz um passeio pelas montanhas. No caminho encontra tocas habitadas e casas abandonadas. Mas o que ela quer mesmo é chegar bem lá no alto.
Uma menina e uma montanha com a cabeça nas nuvens… As duas maravilhadas com as casas habitadas e outras tantas casas abandonadas. Quem habita essas moradias? A montanha gigante parece cuidar de todos. E quem cuida da montanha?

Literatura Infantojuvenil • ISBN 978-85-7279-171-7 • 32 p.

NINA E A MÚSICA DO MAR • SEREIAS
de Sibélia Zanon, com ilustrações de Tátia Tainá
Nas férias, Nina faz uma viagem com a vovó Dora. O Cabelinho vai junto, é claro. Eles visitam o mar! É a primeira vez da Nina e do Cabelinho na praia. Nina está muito curiosa… o que tem dentro das ondas?
Existem inúmeras coisas que não podemos ver nem tocar. Você já viu o tamanho da sua fome? E já enxergou o tamanho do amor que sente? Um universo invisível nos envolve. Mas como apreciar a grandeza daquilo que não vemos?

Literatura Infantojuvenil • ISBN 978-85-7279-150-2 • 32 p.

NINA E O DEDO ESPETADO • DOMPI
de Sibélia Zanon, com ilustrações de Tátia Tainá
Num dia ensolarado, Nina decide dar uma voltinha pelo jardim. No caminho, ela sente uma espetada. Aaaai!!

Mas Nina não está sozinha. Seu amigo Cabelinho está por perto e a joaninha Julinha vai fazer com que ela se lembre de alguém muito especial.

Literatura Infantojuvenil • ISBN 978-85-7279-136-6 • 36 p.

O DIA SEM AMANHÃ
de Roberto C. P. Junior

Uma viagem pela história, desde a França do século XVII até os nossos dias. Vivências e decisões do passado encontram sua efetivação no presente, dentro da indesviável lei da reciprocidade.

A cada parada da viagem, o leitor se depara com novos conhecimentos e informações que lhe permitem compreender, de modo natural, a razão e o processo do aceleramento dos acontecimentos na época atual.

Edição nos formatos e-pub e pdf • *eBook* • ISBN 978-85-7279-116-8 • 510 p.

O FILHO DO HOMEM NA TERRA. PROFECIAS SOBRE SUA VINDA E MISSÃO
de Roberto C. P. Junior

Profecias relacionadas à época do Juízo Final descrevem, com coerência e clareza, a vinda de um emissário de Deus, imbuído da missão de desencadear o Juízo e esclarecer à humanidade, perdida em seus erros, as Leis que governam a Criação.

Por meio de uma pesquisa detalhada, que abrange profecias bíblicas e extrabíblicas, Roberto C. P. Junior aborda fatos relevantes das antigas tradições sobre o Juízo Final e a vinda do Filho do Homem.

Edição de bolso • ISBN 978-85-7279-094-9 • 288 p.

OS APÓSTOLOS DE JESUS

O leitor, neste livro, será transportado para a Palestina da época do Império Romano, onde trilhará os caminhos da agitada Jerusalém e de diversas cidades da Judeia, Samaria e Galileia. Percorrerá, ainda, a Macedônia e a Grécia, até chegar à poderosa Roma, para acompanhar de perto a trajetória de personagens que foram profundamente transformados pela Mensagem de Jesus.

ISBN 85-7279-071-3 • 256 p.

QUEM PROTEGE AS CRIANÇAS?
Texto de Antonio Ricardo Cardoso, com Ilustrações de Maria de Fátima Seehagen e Edson J. Gonçalez
Qual o encanto e o mistério que envolve o mundo infantil? Entre versos e ilustrações, o mundo invisível dos guardiões das crianças é revelado, resgatando o conhecimento das antigas tradições que ficaram perdidas no tempo.

Livro Ilustrado • *Capa Dura* • ISBN 85-7279-081-0 • 24 p.

REFLEXÕES SOBRE TEMAS BÍBLICOS
de Fernando José Marques
Neste livro, trechos como a missão de Jesus, a virgindade de Maria de Nazaré, Apocalipse, a missão dos Reis Magos, pecados e resgate de culpas são interpretados sob nova dimensão.
Obra singular para os que buscam as conexões perdidas no tempo!

Edição de bolso • ISBN 978-85-7279-078-9 • 176 p.

ZOROASTER
A vida empolgante do profeta iraniano, Zoroaster, o preparador do caminho Daquele que viria, e posteriormente Zorotushtra, o conservador do caminho. Neste livro são narrados de maneira especial suas viagens e os meios empregados para tornar seu saber acessível ao povo.

ISBN 85-7279-083-7 • 288 p.

Veja em nosso site os títulos disponíveis em formato
e-book e em outros idiomas: www.graal.org.br

Correspondência e pedidos

ORDEM DO GRAAL NA TERRA

Rua Sete de Setembro, 29.200 – CEP 06845-000
Embu das Artes – SP – BRASIL
Fone e Fax: 11 4781-0006
www.graal.org.br
graal@graal.org.br

Fonte: Adobe Garamond Pro
Papel: Chambril Avena LD FSC 70g/m^2
Impressão: Mundial Gráfica Ltda.